KB091846

암행어사, 황해도에 출두하다

해서암행일기

해서암행일기

암행어사, 황해도에 출두하다

초판 1쇄 인쇄 2015년 9월 20일 **초판 1쇄 발행** 2015년 9월 25일
지은이 박만정 **옮긴이** 윤세순 **펴낸이** 이영선 **편집 이사** 강영선 **주간** 김선정
편집장 김문정 **편집** 김종훈 김경란 하선정 김정희 유선 **디자인** 김회량 정경아 이주연
마케팅 김일신 이호석 김연수 **관리** 박정래 손미경

펴낸곳 서해문집 **출판등록** 1989년 3월 16일(제406-2005-000047호)
주소 경기도 파주시 광인사길 217(파주출판도시) **전화** (031)955-7470 **팩스** (031)955-7469
홈페이지 www.booksea.co.kr **이메일** shmj21@hanmail.net

ISBN 978-89-7483-745-7 03910
값 10,900원

이 도서의 국립중앙도서관 출판시도서목록(CIP)은 e-CIP 홈페이지(http://www.nl.go.kr/ecip)에서
이용하실 수 있습니다.(CIP제어번호: CIP2015024472)

암행어사, 황해도에 출두하다

해서암행일기

박만정 지음·윤세순 옮김

서해문집

암행어사에 대해 알게 된 것은 어린 시절 텔레비전 사극을 통해서였다. 변복變服을 해 신분을 감추고 다니는 암행어사의 신분이 탄로날까봐 마음이 조마조마했고, '암행어사 출두야!'를 외치며 어디선가 나타나 탐관오리를 일망타진하는 암행어사 일행의 광경을 지켜보면서 묘한 카타르시스를 느꼈다. 어린 마음에 암행어사야말로 정의의 사도라고 확신했다.

그런데 거의 모든 사람이 암행어사라고 하면 고작 영조 연간에 활약한 박문수가 남긴 몇몇 이야기를 알고 있거나《춘향전》에서 이몽룡이 암행어사가 돼 출두하는 장면을 떠올리는 정도다. 정작 암행어사의 실체와 어떤 일을 하는지 구체적으로 아는 사람은 거의 없다. 또한 어떤 사람은 설화나 소설에 등장하는 암행어사의 모습이 과연 역사상에 실재하는 암행어사와 어느 정도 일치하는지 의문을 품기도 할 것이다. 나도《해서암행일기海西暗行日記》를 번역하기 전까지는 암행어사에 대해 막연하게 알았을 뿐이다. 이번에 박만정朴萬鼎이 기록한《해서암행일기》와 암행 결과 보고서에 해당하는 〈서계書啓(원단元單)〉와 〈별단別單〉을 번역하면서 암행어사를 구체적으로 알게 되었다.

머리말에서는《해서암행일기》를 읽기 전에 우선 암행어사에 대해 알고 있으면 좋을 법한 사항들을 언급해 보려 한다. 암행어사는 조선 시대에 만

들어진 독특한 지방관 감찰제도로서, 수의繡衣 또는 직지直指라고도 일컬었다. 주로 국왕의 시종신侍從臣(측근 신하) 가운데 임명된 일종의 특명사신特命使臣으로, 임시 관직이었다. 원래 전국 팔도八道에 파견된 수령이나 관찰사 등의 임무 수행에 대한 감찰은 사헌부에서 담당해야 하는데, 교통과 통신수단의 제약 등으로 인해 지방관에 대한 감독이 철저하지 못했다. 따라서 국왕이 어사를 비밀리에 임명해 각 지방에 파견했다.

암행어사 제도는 조선 시대 성종조에 지방 수령의 비리가 크게 문제시되면서 생겼고, 이후 지방 지배를 강화하기 위한 수단으로 활용되기도 했으며, 조선 후기에는 삼정三政(봉건 수취체제인 전정·군정·환곡제도)의 문란이 심각해지면서 더욱 활발히 시행됐다. 물론 왕명을 받고 비밀리에 지방을 순행하면서 수령의 악정惡政을 염탐해 밝히고 민정民情을 살피는 암행어사의 임무는 각 도道에 부임한 관찰사의 임무와 겹치기 때문에 시행 초기에는 논란이 있었다. 하지만 암행어사의 긍정적인 기능 때문에 조선 후기에 들어서는 널리 시행돼 19세기 말기까지 이어졌다.

암행어사에 임명되면 봉서封書·사목事目·마패馬牌·유척鍮尺을 받았다. 봉서는 일종의 암행어사 임명장으로, 감찰할 지역이 명기돼 있고 임무를 잘 수행하라는 내용이 담겨 있다. 봉서의 봉투에는 '도동대문외개탁到東大

門外開拆' 등이 적혀 있는데, 암행어사가 봉서를 받아서 겉봉에 쓰인 대로 동대문 밖으로 나가 열어 보는 것인데, 이때 암행할 지역을 알게 된다. 사목은 암행어사가 지켜야 할 규칙과 수행해야 할 임무가 적힌 문서다. 마패는 역참에서 역졸과 역마를 징발할 수 있는 일종의 신분 증빙 수단이다. 유척은 놋쇠로 만든 자인데, 지방관청에서 세금을 거둬들일 때 사용하는 도량형을 암행어사가 검사해 되나 자를 속이는지 판별하는 표준 자로 사용됐다.

암행어사는 봉서와 사목의 지시를 바탕으로 해당 지역에 잠입해 여러 달 동안 순행하면서 지방관을 염탐하고 민의民意를 수렴하는데, 만일 지방관의 잘못이 발견되면 암행어사가 해당 관아에 출두해 문서 공개와 창고 점검 등을 요구할 수 있다. 여기서 출두란 암행어사가 신분을 밝히고 공개적으로 직무 집행을 개시하는 것이다. 즉 어사의 직무 집행이 비밀 상태에서 공개 상태로 전환됨을 의미한다. 암행어사가 출두할 때는 역졸이 마패를 손에 들고 "암행어사 출두야" 하고 크게 외치기도 했지만, 일반적으로는 차분한 분위기 속에서 봉서나 사목을 제시해 암행어사의 신분을 밝히고 협조를 요청하는 방식으로 조용하게 진행됐다.

암행한 결과는 최종적으로 서계와 별단으로 작성해 국왕에게 제출했다. 서계에는 감찰 지역의 전·현직 관찰사와 수령 등의 잘잘못을 상세하게 적었다. 별단에서는 자신이 보고 들은 민정과 군정의 실체를 가감 없이 보고하고, 게다가 민간에 숨겨진 미담이나 열녀·효자의 행적 등을 기록하기도 했다. 국왕은 임무를 마치고 돌아온 암행어사를 면대해, 조사한 내용을 보고받고, 감찰한 지역의 지방관에 대한 처벌과 표창 그리고 폐단에 대한 조치를 해당 부서에 지시해 처리토록 했다.

한편 암행어사 가운데 몇몇은 서계와 별단 같은 공식 문서 이외에 암행 활동 기간에 일어난 다양한 일을 일기 형식으로 기록해 놓기도 했다. 박만정의 《해서암행일기》와 박래겸의 《서수일기西繡日記》, 이헌영의 《교수집략嶠繡集略》 권4의 일기 부분 등이 이에 해당한다. 암행일기는 공식 암행어사 활동 보고서가 아니므로 비교적 자유롭게 작성됐고, 암행어사 개인의 성향이 잘 반영돼 있다. 현재 문헌상으로 확인된 암행어사 일기는 대략 15종인데, 이를 종합적으로 연구 검토한다면, 암행어사의 새로운 면모가 드러날 수도 있을 것이다.

이 머리말을 작성하면서 몇 개의 논문 등을 참고했음을 밝혀둔다.

《한국민족문화대백과》

김현영, 〈이헌영의 《嶠繡集略》을 통해 본 암행어사의 실상과 경상도 지방관〉, 《嶺南學》 16호, 경북대학교 영남문화연구원, 2009

박동욱, 〈박래겸의 암행어사 일기 연구〉, 《溫知論叢》 33집, 온지학회, 2013
임선빈, 〈조선 초기 '외방사신外方使臣'에 대한 시론試論 : 개념·종류 및 파견 추이〉, 《朝鮮時代史學報》 권5, 조선시대사학회, 1998

《해서암행일기》에 대하여

《해서암행일기》는 숙종 시기(1674~1720) 박만정朴萬鼎(1648~1717)이 황해도 일대에서 암행어사로 활동하면서 경험한 다양한 일을 일기체로 기록해 놓은 책이다. 암행어사가 도대체 어떤 방식으로 활동하는지 평소에 관심이 많은 독자들에게 이 책은 그 궁금증을 시원스럽게 풀어줄 것이라 믿는다.

일기와는 별도로 〈서계〉와 〈별단〉이 부록처럼 첨부돼 있는데, 이는 임금에게 보고하는 복명서復命書다. 서계에서는 황해도 지방관들의 행적을 일일이 살펴 잘잘못을 상세하게 평가했고, 별단에서는 흉년으로 고통받는 황해도 백성들의 고단한 삶의 모습과 개선할 사항을 항목별로 제시했다.《해서암행일기》가 붓 가는 대로 자유롭게 써내려 간 비공식 문건인 반면, 서계와 별단은 임금에게 제출하는 공식 문건이다.

이 일기는 서계·별단과 함께 박만정의 문집인《동계집東溪集》권4에 수록되어 있었는데, 1972년《중앙일보》에 국역 연재됐고, 1976년에 고려출판사에서 단행본으로 출간됐다. 또한 박만정의 친필로 인정되고, 그 내용상의 가치를 평가받아 1973년에 보물 574호로 지정됐다.

《해서암행일기》는 기왕에 국역본이 있지만 '번역의 수명은 30년'이라는 말이 있듯이 그간 40여년의 세월이 흘러 지금의 문투와는 많은 차이를 보이고, 세로쓰기로 조판돼 있어 일반 독자들이 읽기 힘들었다. 게다가 다소 윤색된 부분과 번역상의 오류도 종종 눈에 띄었다. 이런 이유로 이번에 새롭게 출간하게 됐다.

박만정의 생애와 암행어사 발탁 배경

《해서암행일기》의 작자인 박만정에 대해 간략하게 살펴보자. 박만정의 자字는 사중士重이고, 호號는 동계東溪, 또는 설정雪汀이며, 본관은 밀양密陽이다. 1648년(인조 26) 서울에서 태어나 1717년(숙종 43)에 사망했다. 1673년(현종 14) 생원시生員試에 합격하고, 1683년(숙종 9) 증광대과增廣大科에 병과丙科로 급제했다. 이후 사헌부司憲府의 정언正言, 홍문관弘文館의 수찬修撰·교리校理·부응교副應教, 사간원司諫院의 사간司諫, 세자시강원世子侍講院의 보덕輔德 등을 지냈다. 또 황해도 암행어사로 발탁돼 임무를 수행했고, 외직으로 회양淮陽 부사府使와 영광靈光 군수郡守를 역임했다.

남인의 거두인 백호白湖 윤휴尹鑴(1617~1680)를 스승으로 모시고 공부한 점으로 봤을 때, 그의 당색黨色은 남인이었다. 1694(숙종 20)년 세자시강원보덕(세자를 가르치던 관직) 자리에 있던 박만정은 숙종이 장씨를 왕비에서 다시 희빈禧嬪으로 내리고, 인현왕후를 복위시키자, 장희빈을 높이는 예로 우대해 별도로 당호堂號를 내려 줘 예의를 갖추라는 내용의 상소를 올려 숙종에게 청했다. 박만정이 이런 상소를 올린 이유는 보덕으로서 당시 가르치던 세자(훗날 경종)의 모친이 장희빈이고, 당파적으로도 장희빈을 옹호하는 남인에 속해 있었기 때문이다. 하지만 이미 장희빈에게서 마음이 떠난 숙종은 남인 세력에도 등을 돌린 상태였다. 박만정의 상소는 오히려 숙종의 비위를 건드렸고, 그는 결국 보덕 벼슬에서 물러나게 됐다. 이후 박만정은 1년 6개월 정도를 아무런 직책 없이 지내다가 1696년(숙종 22) 느닷없이 황해도 암행어사로 발탁됐다. 이는 박만정이 비록 남인으로서 장희빈을 옹호하다 숙종의 미움을 샀지만, 숙종은 여전히 박만정을 미더운 측근 신하로 생각하고 있었다는 증거다.

《숙종실록》을 살펴보면, 1695년(숙종 21) 7, 8월 충청도 지방에 폭우가 계속 퍼붓고, 진주 지방에 눈이 내리고, 전국 각 고을에 밤마다 서리가 내리는 등 이상 기후로 인해 전국에 심각한 흉년이 들었다. 이 때문에 추수기인 가을에도 곡물 가격이 치솟았고 민심은 흉흉해졌다. 이에 숙종은 대신들과 구황救荒 대책을 논의하고, 과거科擧 등 국가 행사를 연기했으며, 은자銀子 1000냥을 진휼청賑恤廳에 내려 진자賑資에 보태게 했다. 또 1696년 1월부터 3월 사이에는 경기도를 제외한 전국 일곱 도道에 암행어사를 파견해 각 도의 실정實情과 민의民意를 파악토록 지시했다. 이런 상황에서 박만정은 1696년 3월 7일에 황해도 암행어사로 임명돼 흉년으로 고통받는 백성들의 실정을 살피고, 지방관들이 백성을 제대로 구휼하고 있는지 여부 등을 염탐하기 위해 황해도로 파견됐다.

《해서암행일기》의 내용

《해서암행일기》는 1696년 3월 6일, 임금이 박만정 등을 불러들이라는 명을 승정원에 내리는 내용으로 시작해, 황해도에서의 암행 활동을 마치고 귀경해 한강 주변에서 며칠간 머물면서 서계와 별단을 작성해 5월 12일 복명하는 것으로 끝난다. 총 60여 일간 황해도 일대를 암행하면서 체험한 일을 일기 형식으로 기록해 놓았는데, 암행어사로서 수행한 임무만을 서술하지 않고, 각 고을을 다니면서 만난 사람들과 보고 들은 이야기로 다채롭

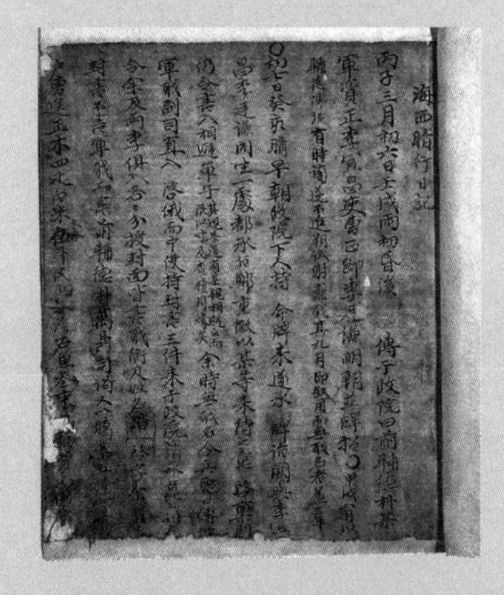

《해서암행일기》, 보물 574호, 개인 소장

게 내용을 채워서 흥미롭다. 내용은 편의상 크게 세 가지, 즉 '암행어사로서의 임무 수행', '따뜻한 애민의식', '견문한 이야기'로 나눌 수 있다.

암행어사로서의 임무 수행

박만정은 자기가 암행해야 하는 추생抽栍 고을을 두루 돌아다니며 민정民政을 살피기 위해 보고 들으면서 필요한 정보를 수집했다. 어떤 때는 길에서 만난 행인에게 주변 고을의 수령 중 누가 구휼救恤을 잘하는지, 누가 공무를 잘 처리하는지 등을 노골적으로 캐묻기도 한다. 또한 하룻밤 묵는 집에서 철저히 신분을 감춘 채 주인과 많은 대화를 나누는 과정에서 중요한 사실을 입수하기도 한다. 그런데 집주인과 나눈 이야기를 구체적으로 일기에 기록해 놓지 않고, 별도로 메모해 두었다가 서계와 별단을 작성할 때 자료로 사용한 듯하다. 이는 일기에 없는 내용들이 서계와 별단에 구체적으로 서술돼 있다는 점을 통해 알 수 있다. 따라서 박만정이 황해도 암행어사로서 수행한 구체적인 일들을 상세히 알고 싶다면 반드시 서계와 별단을 살펴봐야 한다.

한편 4월 6일 새벽에 신계현 객사로 들이닥친 일이 있는데, 이것이 우리가 일반적으로 알고 있는 '암행어사 출두'다. 박만정이 이곳저곳 다니면서 탐문해 본 결과, 신계 현령은 백성들에게 심한 비방을 당했는데, 그 진실 여부를 알기 위해 관아로 출두한 것이다. 박만정 일행이 나타나자 아전들은 허둥지둥했고 동헌東軒에 나선 현령의 얼굴빛은 창백했다. 박만정은 각종 관아 문서를 일일이 점검했고, 불법을 자행한 사실을 알 수 있는 문서를 발견했다. 이 때문에 봉고封庫하고 신계 현령의 인신印信과 병부兵符를 거둬들였다.

따뜻한 애민의식

일기를 읽다보면 박만정이 따뜻한 마음의 소유자라는 것을 여러 군데서 알아챌 수 있다. 박만정이 하룻밤 묵으려고 했던 집의 아이가 몇 달 동안이나 복통 증상으로 고생하고 있었다. 그 부모는 아이의 병이 귀신의 빌미 때문이라 여기고 치료 방법을 전혀 모르고 있었는데, 박만정이 쑥으로 배꼽 부위에 뜸을 뜨는 연제법煉臍法을 알려줬다.

박만정이 신천군 동쪽에 있는 장천樟川 마을에 도착했을 때 도로 주변 밭에서 울고 있는 한 남자를 발견했는데, 그 곁을 무심코 지나치지 않고 다가가서 사연을 묻고 그의 하소연을 친절하게 들어주기도 했다. 또 황주 성문 밖에 이르렀을 때는 한 아낙이 박만정이 타고 있던 말을 가로막고 슬피 울며 지아비의 억울한 정상情狀을 호소하자, 황주 관아의 형리刑吏를 불러다 그 사연을 자세히 물어보고 잘 처리해 주도록 부탁하기도 했다.

수안 남쪽 고지암古枝岩이란 산골 마을에 도착했을 때는 그곳 백성들이 어사 행차를 위해 심한 가뭄으로 물이 말라 버린 시내에서 쏘가리를 잡아 바쳐야 하는 공역貢役 때문에 고심하자, 관아에 들어가 그 일을 담당하는 아전에게 분부해 공역을 즉시 그만두게 했다. 안악 고을에 당도했을 때는 안악 군수가 해당 지방을 잠행潛行하실 때 욕을 당하신 곳을 알려주면 적발해서 치죄治罪하겠다고 하자, 박만정은 어사가 잠행할 때마다 자잘하게 치른 곤욕을 일일이 되갚아 준다면 민심을 동요시킬 뿐 아무런 득이 없을 것이라 했다. 강령 북쪽 빈장리賓長里에서는 밥을 먹지 못해 부황기가 있던 두 백성을 기억했다가 관아에 들어가던 날 두 사람을 불러 약간의 양식을 지급했다. 이 뿐만 아니라 박만정은 지나는 곳곳마다 정처 없이 떠돌아다니며 걸식하는 자들을 바라보면서 이루 말할 수 없이 참담하다고 토로했다. 암행 활동을 하면서 몸을 사리지 않고 백성의 애로사항을 하나라도 해결해 주려고 애쓴 박만정의 따뜻한 마음은 지금의 위정자爲政者들이 본받아야 할 것이다.

견문한 이야기

또한 박만정은 암행 활동과는 직접 상관이 없지만 보고 들은 기이한 이야기를 일기 곳곳에 서술해 놓았다. 이 덕분에 《해서암행일기》는 이야기책다운 면모가 엿보이기도 한다. 첩첩산중에서 들은 이무기 이야기, 박만정의 관상을 알려준 이야기, 돼지처럼 생긴 괴이한 물고기 이야기, 수양산 암자에 있는 노승을 만난 이야기, 어사를 수행하는 배리陪吏라고 사칭한 박희경 이야기, 쉰 살이 넘은 부부가 늦둥이를 낳은 이야기 등은 야담집을 읽을 때 느낄 수 있는 재미를 맛보게 해준다. 게다가 서해안 여러 섬에 출몰해 고기를 마구 잡아가는 황당선黃唐船 이야기는 지금도 우리나라 영해領海를 멋대로 침범해 불법 어로 행위를 하는 중국 어선들을 떠올리게 한다.

《해서암행일기》에는 이뿐만 아니라 박만정이 암행활동을 하면서 겪은 여러 고충도 잘 드러나 있다. 황해도는 특히 흉년이 심했기 때문에 민심民心이 더없이 흉흉해 박만정은 추생抽栍된 고을을 암행하면서 문전박대당하기 일쑤였고, 심지어 헛간에서 잠을 자기도 했다. 또 심한 두통과 오심증惡心症(속이 울렁거리는 증상)이 일어 머리가 빠개질 듯 아프고 숨이 찼지만 갈 길을 재촉했고, 몸을 지탱할 수 없을 정도로 통증이 심해져서야 어떤 집에 들어가 평위산平胃散 한 첩을 꺼내 다려 먹었다. 갈충蝎蟲이 이불 속과 옷 안에 가득 붙어 온몸이 가려워 밤새도록 잠들지 못하기도 했다. 안악 지방에서는 양식이 다 떨어졌지만 해당 지방이 암행할 곳으로 추생돼 있어 관아에 들어가 양식을 구할 수 없었다. 이 때문에 강을 건너 평안도 용강에 가서 친분이 있는 용강 현감에게 양식을 구해 오는 수고를 하기도 했다.

암행어사의 신분을 숨겨야 했던 점도 힘들었다. 박만정은 자신을 충청도 사람이라 칭하고, 흉년을 당해 먹고사는 것이 궁핍해서 관서 지방의 아는 수령을 찾아가 걸식이나 해 보려고 길을 떠나 왔다고 거짓말을 하기도 했다. 또 신분이 노출될까봐 일행인 서리 김성익과도 일행이 아닌 것처럼 따로 떨어져서 다녔다. 강령에서는 하룻밤 묵은 집의 주인이 박만정에게 관심을 갖고 집요하게 캐묻고 살피는 바람에 신분이 들통 날 위기에 처하자 빗줄기를 무릅쓰고 출발해 일행이 모두 비를 맞아 흠뻑 젖기도 했다.

박만정은 두어 달이라는 짧은 기간 동안 암행어사로 활동하면서 여러 고충이 있었는데도 최선을 다해 임무를 수행하려 노력했다. 이렇게 애쓴 흔적이 일기, 서계와 별단에 고스란히 드러나 있다. 암행 기간 동안 황해도의 명승지인 평산의 총수산葱秀山과 해주의 허정許亭을 둘러볼 기회가 있었는데도 이곳의 아름다운 장관에 대해선 전혀 언급하지 않았다. 다만 허정에서는 아침밥을 지어 달라 청하기 위해 정자지기에게 말을 붙인 일이 있었다. 이후 5월 3일 서흥瑞興 고을에 당도해 암행어사로서의 임무를 마치고 신분을 노출시킨 이후에야 허정과 총수산의 풍광이 일품이었다는 소감을 적었다. 박만정은 5월 4일 일기에서, 드디어 오늘 내가 이곳(총수산)

에 올라 조망하며 거닐어 보니 그동안 말을 타고 다니느라 시달린 노고를 충분히 잊을 만했다고 했다. 이를 통해 박만정이 암행 기간 내내 사적인 행위를 거의 하지 않고 오로지 공인으로서 임무를 수행하는 데만 집중했음을 짐작할 수 있다. 이는 19세기 초 평안도 암행어사로 파견돼 《서수일기西繡日記》를 남긴 박내겸朴來謙이 암행 기간 동안 친분이 있는 기녀를 만나보고, 명승지를 유람한 일과는 상당히 대조되는 모습이다.

일러두기

1. 이 책은 박만정의 문집《동계집》에 수록된《해서암행일기》와 원단·서계, 별단을 번역한 것이다.
2. 원저자의 주는 〔 〕로 표시했고, 각주와 ( )는 모두 옮긴이의 주다.
3. 인명과 지명 기타 용어의 한자 병기는 최소화했으며, 필요한 경우에만 병기했다.
4. 관청명과 관직명은 붙여 썼으며, 지명과 관직명은 띄었다.

차례

〈황해도지도〉, 18세기, 국립중앙박물관 소장
이 책에 나오는 주요 지역과 위치

성천계
양덕계
문산진
문성진
수안
곡산
선적진
위라진
봉산
소기진
동리진
서흥
신계
평산
토산
금천
백지진
장단계
백천
연안
개성부계

해서암행일기

3월 6일, 비가 내렸다.

땅거미가 진 뒤 임금께서 승정원承政院[1]에 전교傳教하시길, "전에 보덕輔德[2] 벼슬을 지낸 박 아무개(박만정朴萬鼎)와 군자감정君子監正[3] 이의창李宜昌[4]과 이조정랑吏曹正郎[5] 이정겸李廷謙[6]을 내일 아침 함께 불러들이라" 이르셨다.

[1694년(숙종 20) 8월에 보덕으로 있으면서 상소한 것이 때마침 비방을 당했고, 초하루 시사試射[7]에 불참했다가 파직되었는데, 그해 9월에 다시 서용敍用되었으나 아무런 직함도 없이 지낸 것이 거의 3년이나 되었다.]

---

1 임금의 명령을 전달하고 여러 사항을 임금에게 보고하는 관청.

2 세자시강원에 소속되어 세자를 가르치던 종3품의 관직. 정조 8년(1784) 정3품으로 격상되었다.

3 군수품의 저장과 출납을 맡아보던 군자감에 소속된 정3품의 관직.

4 1650~1697. 본관은 용인龍仁, 자는 덕초德初. 1683년(숙종 9) 증광문과에 을과로 급제, 1686년 사간원정언이 된 뒤 집의·지평·장령을 거쳤고, 1696년에는 함경도 암행어사로 파견되었다.

5 이조의 정5품 관직으로, 특히 인사를 담당하는 중요 관직.

6 1648~1709. 본관은 전의全義, 자는 경익景益. 진사를 거쳐 1682년(숙종 8) 증광문과에 병과로 급제했다. 이후 지평·부수찬을 거쳐 교리가 되었고, 수찬·이조정랑 등을 거친 뒤 1696년에는 충청도 암행어사로 파견되었다.

7 정3품 이하의 문관과 무관의 궁술을 시험하던 일. 매월 초하루 시사를 삭시사朔試射라고 한다.

3월 7일, 맑았다.

이른 아침 승정원에서 하인이 명패命牌를 갖고 찾아왔다. 명패를 받고 대궐에 이르니, 이의창·이정겸 등이 이미 나와 대기하고 있었다. 이들과 한 처소에 같이 앉아 있는데, 도승지都承旨[8] 정중휘鄭重徽[9]가 아무개 등이 입궐해 기다리고 있다는 뜻을 임금께 아뢰었다. 그러자 곧 임금께서 상피단자相避單子[10] [그 규정에는 아무개 도道에 아무개 친척이 있으면 서로 피한다는 내용으로, 친척은 사촌과 사돈 및 동서同婿로 제한한다고 되어 있다]를 써 올리라 하셨다.

나는 이때 아무런 직함도 없어 병조兵曹로부터 구두로 군직軍職에 붙인다는 말을 전해 들었고, 부사직副司職[11]의 직함으로 계장啓狀(장계)[12]을 임금

명패

임금이 정3품 이상의 당상관을 부를 때 보내던 나무패. '命' 자를 쓰고 붉은 칠을 한 것으로, 여기에 부르는 벼슬아치의 이름을 써서 돌렸다. 자기의 이름이 적힌 패를 받은 이는 참석할 수 있으면 '進'자를, 참석할 수 없으면 '不進' 자를 써서 바쳤다. 국립고궁박물관 소장

---

8 승정원의 으뜸 벼슬로 정3품 당상관직. 왕명을 전달하거나 신하들이 왕에게 올리는 글을 상달하는 일을 맡아보았다.

9 1631~1697. 본관은 해주海州, 자는 신백愼白, 호는 돈곡敦谷. 1657년(효종 8) 식년문과에 병과로 합격했다. 사헌부감찰·함경 도사를 거쳐 삼사의 언관言官을 두루 지냈다. 《효종실록孝宗實錄》 편찬 시 기주관記注官으로 참여했다.

10 친족 또는 기타의 관계로 같은 곳에서 벼슬하는 일 등을 피하기 위해 이름을 써 넣는 종이.

11 오위五衛에 속한 종5품 무관 벼슬. 현직에 없는 문관·무관·음관蔭官 및 기타 잡직雜職 중에서 임명했으나 실무를 보지는 않았다.

12 왕명으로 지방에 파견된 관원이 자기 관하의 중요한 일을 임금에게 글로써 보고하는 일이나 그런 문서.

께 올렸다. 잠시 후에 중사中使(임금의 명령을 전하는 내시)가 봉서封書 세 개를 갖고 승정원에 이르자 승지承旨들이 모두 죽 앉아 있는 가운데 나와 두 이씨를 어전御前으로 불러들이더니 임금께서 셋에게 각각 봉서 하나씩을 나누어 주셨다. 봉서 겉면에는 모두 직함과 성명을 기재했고 '계啓' 자가 눌려 찍혀 있었는데, 내가 받은 봉서에는 군직을 쓰지 않고 '전前 보덕 박만정'이라고만 쓰여 있었다. 그리고 임금께서 사알司謁[13]을 시켜 납약臘藥[14] 다섯 종種을 하사하셨다.

호조戶曹에서도 정목正木(품질 좋은 광목) 네 필, 백미와 콩 각각 다섯 말(斗), 건민어乾民魚(암치) 세 마리, 건석어乾石魚(굴비) 세 두름을 노잣돈으로 보내 왔는데 이는 암행어사를 파견할 때 전례에 따라 지급하는 것이다. 그 밖에 호조판서 이세화李世華[15]도 돈 닷 냥을 보내 왔다. 응교應教[16] 심권沈權,[17] 문학文學[18] 임윤원任胤元,[19] 수원 부사府使 ○지○墀, 상서직장尙瑞直長[20] 유술柳述이 모두 도승지 방으로 찾아와 이들과 더불어 작별 인사를 하고, 드디어 두 이씨와 함께 동대문 밖으로 나가 관왕묘關王廟[21]로 향했다. 그곳에 도착

---

13 내시부의 액정서掖庭署에 속해 임금의 명령을 전달하던 정6품 잡직.

14 임금이 주던 구급약. 섣달에 내의원에서 만든 소합원·안신원·청심환 같은 것.

15 1630~1701. 본관은 부평富平, 자는 군실君實, 호는 쌍백당雙栢堂·칠정七井. 1652년(효종 3) 사마시를 거쳐 1657년 식년문과에 병과로 급제했다. 이후 황해도·평안도·전라도 관찰사를 지냈으며, 인현왕후 폐위를 반대하다 귀양을 갔다가 갑술환국으로 다시 등용되어 인현왕후 복위의 실무를 담당했다.

16 홍문관·예문관에 속해 학문 연구를 하던 정4품 벼슬.

17 1643~1697. 본관은 청송青松, 자는 성가聖可. 1682년(숙종 8)에 문과에 급제하고 사간원 정원과 사헌부 지평을 지냈다.

18 세자시강원에 속해 세자에게 글을 가르치던 정5품 관직.

19 1645~1712. 본관은 풍천豊川, 자는 사장士長. 1687년(숙종 13) 알성문과에 병과로 급제했다. 지평·필선을 역임하고, 1696년 서장관에 임명되어 청나라에 다녀왔다. 이후 수찬·교리·보덕 등을 역임했고, 1698년 암행어사로 파견되었다.

20 옥새·부패·절월 따위를 맡아보던 상서원尙瑞院의 종7품 관직.

21 관우의 영靈을 모신 사당. 서울에는 남대문 밖 남묘와 동대문 밖 동묘가 있었다.

해서야 우리는 비로소 봉서를 뜯어보았다.[22]

봉서를 살펴보니 나는 황해도, 이의창은 함경도, 이정겸은 충청도로 내정되었다. 이때 잠시 행장을 수습하기 위해 머무르고 있는데 우리가 지체하고 있는지, 속히 출발했는지를 확인하기 위해 액정서掖庭署[23] 하인들이 다가왔으므로 곧 각자 흩어져 제 갈 길을 떠났다.[봉서는 네 장이었는데, 한 장엔 민간을 염탐할 조목 열일곱 건이 적혀 있었고, 또 한 장에는 전결田結(논밭에 물리는 세금)에 관한 사항, 또 다른 한 장에는 암행어사로서 지켜야 할 계칙戒飭, 마지막 한 장에는 암행할 곳으로 추생抽栍(제비를 뽑는 것)된 열두 고을이 적혀 있었다. 임금께서 손수 쓰신 글이다.]

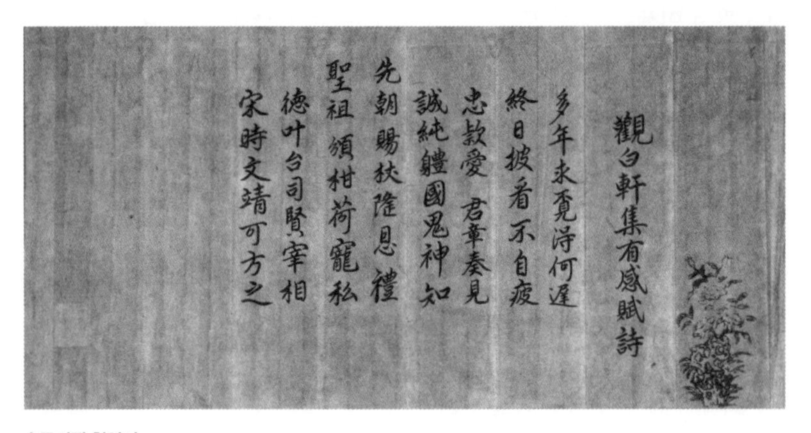

숙종어필 칠언시

숙종이 인조 때의 명상 이경석李景奭(1595~1671)의 문집을 살펴본 뒤 이경석 후손에게 내려준 어제어필의 칠언시. 현재까지 알려진 숙종어필 가운데 가장 신빙할 만하다. 보물 1630호, 경기도박물관 소장

22 봉서는 반드시 성문 밖 지정된 장소에서 뜯어보게 되어 있다.

23 왕명 전달, 임금이 쓰는 붓과 벼루 공급, 궁궐 열쇠 보관, 궁궐 정원 설비 등에 관한 일을 맡아보던 관청.

마패

조선시대 관원이 공적인 일로 지방에 출장을 갈 때 역마驛馬를 이용할 수 있도록 상서원尙瑞院에서 발급해 주던 패. 마패는 앞뒤 면에 각각 다른 내용을 담고 있는데, 한 면에는 관원의 등급에 따라 말의 마리 수를 다르게 새기고, 다른 한 면에는 자호字號와 연·월 및 '상서원인尙瑞院印'을 새겼다. 국립중앙박물관 소장

영도교永渡橋[24]를 지나 남산 바깥 벌아치伐兒峙[25] 소나무 숲에 이르러 쉬고 있는데, 아우가 찾아와 잠깐 이야기를 나누고 돌아갔다.

마패馬牌 두 개를 받았는데 그중에 말 세 필을 새긴 삼마패三馬牌는 내가 갖고 말 한 필을 새긴 단마패單馬牌는 서리書吏에게 주었다. 수행하는 하인은 홍문관서리 김성익金成翼과 청파靑坡 역졸驛卒 선망善望·팔명八命·갑용甲龍과 왕십리 역졸 선종善宗 및 가노家奴 계봉季奉 등 여섯이었다.

짐을 실은 말과 양식 등 물건이 오기를 기다려 날이 저문 뒤에야 길을 떠났다. 타고 가는 역마驛馬가 늙고 말라서 매우 둔했다. 그래서 연서역延曙驛[26]에 도착해 타고 온 말보다 조금 좋은 말로 바꿔 타고는 길을 재촉했다.

---

24 동묘 남쪽 청계천 하류에 있던 다리.

25 지금의 버티고개. 약수동과 한남동 사이의 고개로, 예전에 벌아령伐兒嶺 또는 부어치扶於峙라 불렀다. 지금과는 달리 길이 좁고 행인이 적어 도둑이 많았으므로 순라군巡邏軍이 야경을 돌며 도둑을 쫓아서 번치番峙라 하다가 '버치' 또는 '부어치 고개'로 변했다고 한다.

26 경기도 오도찰방五道察訪의 하나인 영서도찰방迎曙道察訪이 있던 곳. 처음에는 영서역이었다가 연서역으로 변했다. 이곳에서 고양의 벽제, 파주의 마산, 장단의 동파 등 각 역을 관장했다.

사현沙峴[27]을 넘으니 날이 벌써 저물기 시작했다. 창릉교昌陵橋[28]를 지나자 사방이 어느새 칠흑같이 어두워져 길을 분간할 수 없었다. 여석치礪石峙[29]에 이르러 시골집에 들어갔지만 마을 사람들이 어찌나 매몰차게 거절하는지 어렵게 잠자리를 빌리고, 겨우 저녁밥을 얻어먹었다. 밤은 벌써 깊어 이경二更(오후 9~11시)이 되었다.

이때 감기가 들어 기침을 자주했는데 주인집 노파가 아랫목에서 자다가 귀찮다는 듯 투덜대며 '웬 나그네가 내 창벽牕壁을 더럽히느냐'면서 듣기 거북한 말을 쏟아 냈다. 아무 대꾸도 하지 않고 잠들어 버렸다. 한참을 자고 깨어나 보니 새벽녘이었고 닭 우는 소리가 들렸다.

서리 김성익을 김 봉사奉事라 부르면서 평교平交(대등하게 교제하는 벗)하는 사이처럼 대했다. 떠날 차비를 하고 일어나 곧 다음 행선지를 향해 길을 나섰다.

3월 8일, 맑았다.

새벽에 길을 떠나 고양군을 거쳐 벽제碧蹄의 주막에서 아침밥을 먹는데 걸식하는 한 무리가 몰려와 주위를 울타리같이 에워싸더니 먹다 남은 밥이라도 얻고자 울부짖었다. 그들이 구걸하는 모습을 바라보고 있노라니

---

27 지금의 서울 서대문구 현저동에서 홍제동으로 넘어가는, 안산과 인왕산 사이에 있는 고개.

28 창릉으로 가는 길목에 있던 다리. 창릉은 서오릉의 하나로, 조선 제8대 왕인 예종과 계비 안순왕후 한씨의 능이다. 현재 경기도 고양시 덕양구에 있다.

29 일명 숫돌고개. 지금의 지하철 3호선 삼송역 바로 앞에서부터 시작되는 고개.

마음이 참담했다. 그곳을 떠나 한참을 걸어 파주 읍내 주막에 도착하니 한나절쯤 되었다. 점심을 먹은 후에 넌지시 사람을 관아에 보냈으나 문지기에게 쫓겨 들어가지 못했다.

이곳에는 이식李湜[30]이라고 하는 분이 목사牧使[31]로 있었는데, 일찍이 황해 감사를 지낸 적이 있어 해서 지방의 물정에 밝았다. 이 때문에 그를 통해 식량도 얻고 해서 지방 물정도 알아볼 겸 사람을 보내 봤으나 문간에서 저지하는 바람에 만나 보기 어렵게 되었다. 게다가 또 우리 행색이 노출되어 번거롭게 소문이 날 우려도 있어서 의도한 바를 접고 다음 행선지로 향

철릭
무관의 공복公服 중 하나로 당상관은 남색, 당하관은 홍색이다. 육군사관학교박물관 소장

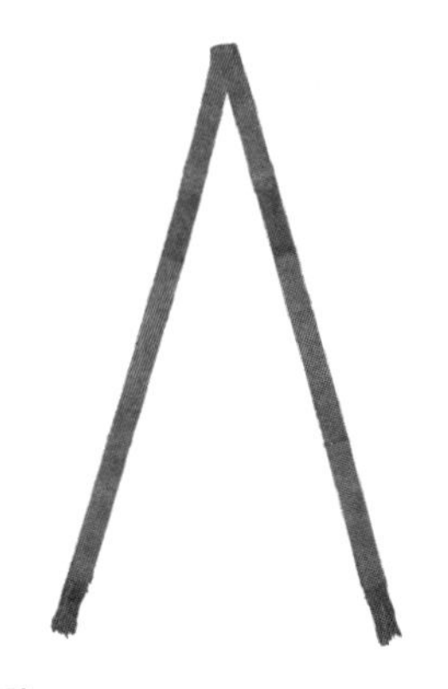

광다회
주로 무관의 융복 차림에 착용하던 띠. 남색 철릭에는 홍색 광다회를, 홍색 철릭에는 남색 광다회를 착용했는데 계급에 따라 색을 달리하기도 했다. 국립민속박물관 소장

30 1643~1700. 본관은 연안延安, 자는 정원正源. 1675년(숙종 1) 증광문과에 병과로 급제해 정언·수찬·지평을 역임하고, 1678년(숙종 4)에 부교리가 되었다. 1689년(숙종 15)에 왕의 잘못을 연명으로 차자箚子해서 파직되었다가 환수되기도 했다. 1690년 4월에 황해도 관찰사로, 1693년 8월에 강원도 관찰사로 임명되었다.

31 조선시대 지방 행정 단위의 하나인 목을 맡아 다스리던 정3품 외직外職.

했다.

임진강을 거쳐 느지막이 장단長湍에 도착했는데 이곳에는 사돈인 남필성南弼星 공이 부사府使로 있었다. 곧 간단한 서찰을 보내 잠깐 쉬어 갈 뜻을 넌지시 알렸다. 날이 저물어서야 관아에 들어 만났는데 때마침 사위인 남서하南瑞夏와 그의 형인 주서注書[32] 남상하南相夏가 관아에 있었다.[사위 남서하의 아들은 남상하가 맡아 길러 오고 있다가 며칠 전에 요절해 선산先山 밑에 매장했다고 한다.]

군자감정 이의창은 남필성 공의 생질甥姪로, 이의창도 식량을 얻어 가려고 이곳에 들렀었다. 우리는 모두 한 방에 모여 한참 동안 이야기하다 날이 저물어서야 관아에서 나와 주막에서 하룻밤을 묵었다.

사위도 나를 따라 나왔는데 함께 자면서 지난 일들을 이야기했다. 이어 한양 집에 편지를 보냈다.

떠나는 날 사돈 남 공公이 행자行資(여행 경비)를 넉넉히 주었을 뿐만 아니라 철릭(天翼) · 광다회廣多繪 · 남초南草(담배) · 연죽煙竹(담뱃대) 등을 주었다. 이를 모두 가지고 떠나니 마음이 뿌듯해졌다.

3월 9일, 맑았다.

새벽녘에 길을 떠나 탁타교橐駝橋[33]를 건너 송도松都 남문 밖에 다다랐는

---

32 승정원에 속한 정7품 벼슬. 《승정원일기》의 기록을 맡아보았다.

33 일명 낙타교. 개성 보정문保定門 안에 있던 다리. 고려 태조 왕건이 거란에서 보내온 낙타 50필을 거란은 무도한 나라라는 이유로 이 다리에 붙잡아 매어 굶어 죽인 데서 이름이 유래했다.

강세황(1713~1791)의 《송도기행첩松都紀行帖》 중 송도 전경
중앙의 송악산松嶽山과 그 앞에 펼쳐진 송도의 전경, 남문루南門樓를 묘사했다. 국립중앙박물관 소장

데, 여염집과 저자거리에 가게들이 즐비하게 늘어서 있었다. 우리는 신분이 노출되지 않도록 으슥한 곳에서 아침밥을 먹었다. 다시 길을 떠나기에 앞서 서리와 나는 각각 두 패로 갈라 길을 떠나기로 하고 양식과 찬거리를 나누어 각자의 말에 실었다. 그러고는 앞서거니 뒤서거니 하며 청석동青

石洞을 빠져나와 파발역擺撥驛 앞 주막 거리에 이르렀다. 이때 갑자기 두통과 오심증惡心症(속이 울렁거리는 증상)이 일어 머리가 빠개질 듯 아프고 숨이 찼지만 고통을 참으며 길을 재촉했다. 금천金川 남면南面 답곡촌畓谷村에까지 이르렀으나 갈수록 통증이 점점 심해져 더 이상 몸을 지탱할 수가 없었다. 하는 수 없이 마을의 어떤 집에 들어가 평위산平胃散[34] 한 첩을 꺼내 달여 먹었다.[약을 달일 다기茶器가 없어 주인에게 밥해 먹는 솥을 빌려 달였다.] 날이 이미 어두워 그 마을에서 하룻밤 묵기로 했다.

한밤중에 흰죽을 조금 끓여 먹어 허기를 달랬다. 주인과 이야기를 나누면서 도내道內 수령들에 대해 자세히 물어보았더니, 주인이 대부분 말해 주었다.

3월 10일, 맑았다.

새벽에 일어나니 기분이 조금 나아졌다. 드디어 길을 떠나 금천군 앞 한 주막에서 아침밥을 먹고 바로 출발했다. 저탄楮灘[1624년(인조 2) 이괄李适[35]의 난 때 이중로李重老[36]·박영신朴榮臣[37] 등이 전사한 곳]을 지나 40여 리쯤 되

34 한의학에서 식체·설사·배앓이를 치료하는 데 쓰는 가루약.

35 1587~1624. 본관은 고성固城, 자는 백규白圭. 무과에 급제해 태안 군수를 역임하고, 1622년(광해군 14) 함경도 병마절도사로 부임하기 직전, 인조반정에 가담, 작전지휘를 맡아 반정의 성공을 도왔다. 하지만 이후 평안 병사로 좌천된 것에 불만을 품고 1624년(인조 2)에 서울로 쳐들어와 흥안군興安君을 새로운 왕으로 추대했으나, 하루 만에 관군에게 패해 도망치다가 부하에게 피살되었다.

36 1577~1624. 본관은 청해靑海, 자는 진지鎭之, 호는 송계거사松溪居士. 1605년(선조 38) 무과에 급제해 선전관宣傳官과 훈련도감낭청, 이천 부사를 지냈다. 1623년 인조반정 때 장졸을 모아 참여했고, 이괄의 난 때 황해 방어사로 반란군을 저지하는 책임을 맡았고, 이때 전사했다.

37 1578~1624. 본관은 밀양密陽, 자는 인보仁輔. 1605년(선조 38) 무과에 급제해 선전관을 거쳐 웅천 현감

는 곳에 이르러 어느 길섶 마을에서 말에게 먹이를 먹이고 백천白川 경내에 들어섰다.

도중에 산승山僧과 촌부村夫 들을 만나 이 지방 소문을 대강 들었다. 깊은 산골짜기로 나 있는 길을 따라 한곳에 이르니 초가 두세 채가 눈에 들어왔다. 말에서 내려 그중 한 집으로 들어갔는데, 아낙네와 아이 네다섯만이 둘러앉아 밥을 먹고 있었다. 그들이 먹는 것은 전부 푸성귀였다. 주인 남자가 어디 있는지 물으니 지금 배가 고파 방안에 누워 있다고 했다.

잠시 후 남자가 지게문을 젖히고 머리를 내밀며 나를 향해 말을 하는데 기력이 쇠잔해 겨우 목소리를 알아들을 정도였다. 대략 몇 마디를 주고받고 나서 주머니 속에 있는 담배를 두어 줌 꺼내 주었더니 무척 고마워했다.

해질 녘에 백천 호상곡虎床谷에 이르러 촌가에 들어가 하룻밤 묵기를 청했다. 그러자 처음에는 허락하지 않다가 다시 공손한 말투로 간청하자 비로소 허락했다. 아직도 몸이 불편해 제대로 먹을 수 없었고 심기마저 평안치 않았다. 밤이 깊어서야 겨우 죽을 먹고 주인과 잠시 이야기를 나눴다.

3월 11일, 맑았다.

새벽에 출발해 산골짜기 속에 나 있는 길을 따라가다가 외딴 마을에 들

이 되고, 1614년(광해군 6) 광해군이 영창대군을 죽이려는 것을 반대하다가 진도에 유배되었다. 이괄의 난 때 포로가 되었으나 끝내 반란군에 협력하지 않아 참살당했다.

어섰는데, 마을 사람 모두 양식이 떨어져 풀을 뜯어다 먹고 있었다. 백천군 북쪽 10리쯤에 있는 마을에서 아침을 먹고, 읍내 앞길을 지나서 백천 대교촌大橋村에 도착했다. 말에게 먹이를 먹이고 그곳 사람들과 이런저런 이야기를 주고받으면서 많은 소문을 들었다. 그 후 길을 재촉해 백천과 연안延安 땅이 이어지는 접경에 다다랐다. 촌가에 들어가 하룻밤 묵어가려 했지만 우리 행색을 의심한 주인이 심하게 방색防塞해 돌아서서 연안 북쪽 증곡甑谷이라는 마을로 향했다.

그 마을은 부촌富村 같은데도 사람들이 자기네 집에서 하룻밤 묵는 것을 완강히 거절하면서 문을 닫고 상대조차 하지 않아서 찾아간 집마다 낭패를 당했다. 이미 날은 저물어 하는 수 없이 어떤 집 문을 밀치고 집 안으로 들어섰다. 집 안에는 여자 서넛만이 있었는데 말씨가 매우 공손치 못했고 말소리와 안색도 모두 사나웠다. 이 집에 머무르자니 주인의 태도가 거슬리고, 돌아서 나가자니 이미 날은 어두워졌다. 이러지도 저러지도 못하고 낭패스러워 머뭇거리는 사이 때마침 머리가 희끗희끗한 어떤 노인이 밖에서 들어왔다.

"웬 나그네들이오?"

즉시 대답했다.

"저는 호서湖西(충청도) 사람으로 서관西關(평안도)으로 가는 길인데, 재령載寧과 안악安岳 등의 지역을 거쳐 가자니 부득이 이곳을 지나게 되었습니다. 오늘은 이미 칠흑같이 어두워져 달리 딴 곳을 찾을 수도 없으니 바라건대 주인께서 마루라도 빌려 주시면 하룻밤을 지내고 가겠습니다."

주인이 잠시 망설이다가 말했다.

"날이 저물었는데 길손을 어찌 차마 쫓아낼 수 있겠습니까. 행차行次를 따르는 하인들은 말을 부리고 양식이나 어서 내놓도록 하시지요."

그러고선 집안에 있던 아낙네를 불러 "방 하나를 말끔히 치워 이 분들을 편안히 모시도록 해라. 그리고 잡담일랑 일체 말고 밥이나 빨리 짓도록 해라"라며 길손 접대를 제법 후하게 해 주었다.

노인과 함께 자면서 조용히 이런저런 이야기를 나눴는데 많은 일들에 대해 들었다. 나중에 그 사람의 이름은 소일남蕭一男이고 신분은 내수사內需司[38]의 사내종이라는 것을 알게 되었다.

3월 12일, 맑았다.

새벽에 길을 떠나 연안 서쪽 수곡水谷에 이르러 평상복으로 갈아입고 행상인行商人으로 가장했다. 마을의 한 집에 들어가 아침을 먹은 뒤 집주인과 조용히 이야기를 나눴는데, 얻어들은 것이 많았다.

한나절쯤 되어 평산平山 도하면道下面 한 시골집에 도착했다. 대개 평산 고을은 연안과 해주 두 고을 사이에 끼여 있었다. 우리가 가려는 길 쪽으로 갯벌이 있었는데 때마침 밀물이 들어오고 있어 바다를 건널 수 없었다. 그래서 그 마을에서 하룻밤 묵어가려 했는데 거의 모든 마을 사람이 싫은 내색을 하면서 받아 주지 않았다.

어떤 집에 이르러 사정을 이야기한즉 주인이 처음에는 난색을 표하더니 거듭 간청하자 허락해 주었다. 그 집주인의 이름은 김정립金廷立으로 본

38 왕실 재정 관리를 맡아보던 관청. 궁중에서 쓰는 쌀·베·잡물雜物과 노비 따위에 관한 일을 담당했다.

功臣都監
功臣嘉靖大夫義州等處都兵馬
使兼義州牧使同中樞院事
陳忠貴 本三陟
右員乙原從功臣錄券良中[illegible]是[illegible]事叱
段洪武二十五年十月日都評議使司出納內
洪武二十五年十月初九日都承旨安景恭次
知
口傳
王旨義興親軍衛僉節制使充青定州都護府
使皇甫蓋等二百十三員亦勤勞於內或
奔走於外積以歲月

진충귀에게 내린 녹권

녹권은 공신임을 증명하는 문서로, 이름·직함·훈공 등을 기록해 공신으로 책봉된 사람에게 주었다. 위 녹권은 태조 4년(1395) 의주 목사 진충귀陳忠貴(?~1412)에게 내린 개국원종공신녹권이다. 개국원종공신開國原從功臣이란 태조가 등극할 때 반대파를 제거하는 데 앞장섰거나, 왕위에 오르기 전까지 협력해 즉위를 도운 사람들이다. 보물 1160호, 국립중앙박물관 소장

래 교생校生[39]이었으나 낙강落講[40]해 군역軍役을 치르게 되었는데, 자신의 선대조先代祖께서 임진왜란 때 호종扈從한 공으로 원종공신元從功臣[41]에 녹훈錄勳[42]되었다며 그 녹권錄券을 꺼내 보여 주었다. 군역에 종사해야 하는 자기 신분을 칭원稱冤하며 군역에서 면하고자 하나 정소呈訴[43]할 길이 없

39 지방 향교나 서원에 다니는 생도生徒.
40 교생이나 원생으로 대소과大小科에 낙제한 것을 말함.
41 큰 공을 세운 정공신政公臣 이외에 작은 공을 세운 사람에게 주던 공신 칭호.
42 임금이나 나라를 위해 세운 공로를 장부나 문서에 기록함.
43 소장訴狀을 관청 등에 제출하는 것.

다고 했다. 그와 함께 잤는데, 많은 이야기를 들었다.

3월 13일, 흐렸다.

새벽에 일찍 출발하려 했지만 하늘이 흐려 비가 내릴 듯하고 또 새벽 밀물도 빠지지 않아 여느 때처럼 아침을 먹은 후에 비로소 걸이포乞伊浦를 건너니 바로 해주海州 땅이었다. 점심때쯤 해주 동쪽 난다곡蘭多谷이라는 마을에 이르러 말에게 먹이를 먹이고선 뇌천교雷川橋를 건너 저녁 무렵 해주 동쪽 등모촌登暮村에 다다라 간신히 잠자리를 구해 하룻밤 묵었다.

3월 14일, 비가 조금 내렸다.

새벽에 출발해 해주 읍내를 지나 해주 서쪽 10리 밖에 있는 허정許亭에 도착해 아침을 먹기 위해 정자를 지키고 있는 정자지기에게 수작을 걸었다.

"나는 너의 상전과 제법 친한 사이로, 이곳에 올 때면 이 정자에서 쉬면서 말에게 먹이를 먹일 수 있도록 허락을 받았다. 이제 여기에 이르렀으니 내게 밥이나 지어 주지 않겠느냐?"

정자지기에게 이렇게 말한 것은, 허정의 주인이 누구인지 모르겠지만 거짓말로 정자지기를 속여 그가 우리의 밥을 지어 주는 것을 거절하지 못하도록 하기 위해서였다.

그런데 그가 크게 웃으며 말했다.

"우리 큰 상전께서는 별세하신 지 이미 3년이 지났는데 어떻게 찾아오는 손님을 접대하라 말씀하셨겠습니까? 어디 양반님인 줄 모르겠지만 참으로 괴이한 말씀을 하십니다."

해주반
음식을 얹어 나르거나 방에 놓고 식탁으로 사용하는 상의 종류를 소반小盤이라고 하는데, 해주반은 황해도 해주 지방에서 주로 만들어진 소반이다. 복잡하면서도 화려한 조각으로 장식성이 강하다. 국립중앙박물관 소장

노파의 말에 가슴이 뜨끔했지만 이대로 물러설 수는 없었다. 내친김에 한술 더 떴다.

"나와 너의 상전과는 본시 서로 절친했는데 만나 본 지 여러 해가 되었다. 지금 네 말을 들어 보니 놀라움과 슬픔을 감당치 못하겠구나. 그가 살아 있을 적에 늘 말하기를, 자네가 혹 해서 지방으로 오게 되면 꼭 우리 정자에 오르라고 했다. 그래서 지금 내가 그 말 때문에 이곳에 왔는데, 우연히도 약간의 착오가 있었을 뿐이네. 어서 아침밥이나 속히 짓도록 하게."

말을 끝내고 양식으로 가지고 온 쌀을 꺼내 주니 정자지기가 자못 그럴 듯이 여겼다. 그럭저럭하는 사이에 시간이 흘러 이미 아침 해가 서너 발 가량 높이 올라 있었다.

장차 강령康翎으로 가려면 포구를 건너야 하는데 마을 사람 모두 이르기를, 여기서 조금만 지체하면 낮 밀물이 반드시 들어 곧바로 건너지 못한다고 했다. 그래서 갈 길을 재촉해 포구에 이르러 보니 바다의 넓이가 15여 리나 되었다. 말을 급히 몰아 겨우 바다를 건너자 바닷물이 밀려오기 시작

했다. 그런데 짐 실은 말과 서리 김성익이 탄 말은 미처 건너지 못했다. 말에서 내려 맞은편 언덕 위에 앉아 빨리 건너오라고 소리쳤다. 잠시 후 일행이 모두 건너와 잠시 휴식을 취했다.

길을 떠나 저녁 무렵 강령 판사촌判事村에 이르러 보니, 높고 큰 기와집 한 채가 담장으로 둘러 싸여 있었다. 그 집을 찾아가 하룻밤 묵기를 청하자 주인이 흔쾌히 허락하고는 안으로 들어가 상방上房(가장이 거처하는 방)을 깨끗이 치우고 새 자리를 펼치는 등 접대가 아주 후했다.

주인과 마주 앉아 이야기하다가 물어보았다.

"주인께서는 생활이 궁핍하진 않으십니까?"

"예년에는 자못 생활이 넉넉했습니다마는 금년은 흉년이라 먹는 음식도 이 모양입니다."

이렇게 말하면서 풀뿌리와 싸라기 등을 꺼내다 보여 주었고, 많은 이야기를 해 주었다. 이름을 물어보니, 최대선崔大先이라 했다.

3월 15일, 맑았다.

새벽에 출발해 강령 검박곶지黔朴串枝라는 마을 어떤 집에서 아침을 먹고 주인과 이런저런 말을 주고받으면서 많은 일들에 대해 들었다. 점심때쯤 강령 동쪽 북평北坪에 도착해 말을 먹이고 가노家奴 계봉을 읍내 장터에 보내 쌀을 사 오라 했다. 그를 기다리는 동안 해는 이미 서녘으로 기울고 있었다. 우리 일행은 이곳에서 20여 리를 더 나아가 해주 마산방馬山坊에 도착해 한 집에 들어가 하룻밤 묵어가길 청했다. 주인은 처음엔 허락하지 않다가 우리가 간청하자 비로소 허락했다. 하지만 주인은 자못 의심의 눈초리로 우리 행색을 유심히 살펴보았다. 저녁 식사를 마친 후에 주인이 와서 물어보았다.

"손님께서는 어느 곳에 사십니까? 또 무슨 일 때문에 어디로 가는 길입니까? 이런 흉년에도 행차에 딸린 말이 두 필이고, 인원이 넷이나 됩니다. 또 양곡과 찬거리 등은 어떻게 마련하셨습니까? 벼슬아치십니까, 선비십니까, 아니면 무인이십니까?"

"나는 젊어서부터 글을 못 했고, 기골氣骨이 약해 무예도 익히지 못했습니다. 이런 몸으로 어떻게 벼슬을 했겠습니까? 흉년을 당해 제 한 몸 가눌 계책도 없어 부득이 이렇게 먼 길을 나섰습니다. 집안사람이 현재 관서 지방의 수령으로 있어서 그를 찾아 먹거리를 얻어 볼까 해 지금 그곳으로 가는 중입니다. 내가 사는 곳은 충청도와 경기도의 접경 지역입니다."

"관서 지방으로 가려고 하시면서 왜 곧장 가시지 않고 멀리 돌아가려 하십니까?"

"이 길이 멀리 돌아가는 것임을 모르는 바 아닙니다. 그런데 도중에 먹을 양식을 얻기 위해 친분이 있는 관원이나 안면이 있는 고향 사람을 찾아다니느라고 이렇게 먼 길로 돌아가는 것입니다."

"친분이 있는 관리라면 어느 고을 어느 원님이시며, 알 만한 고향 사람이란 어느 곳에 어떤 분이십니까? 그리고 그 관서의 수령이라는 분은 누구십니까?"

"친분이 있는 관리란 금천金川·봉산鳳山·장연長淵·풍천豊川 등지에 있으며, 금천의 이 생원生員·해주의 최 생원·장연의 김 생원 등이 모두 제 친구입니다. 관서의 수령이란 안주에 있는 내 친척이며 평양과 용강龍岡에

도 절친한 사람들이 있습니다."

주인은 말을 마치자 밖으로 나가더니 얼마 후에 다시 돌아왔다.

"이 아랫마을에 서울에서 오신 손님 같은 분이 좋은 말을 타고 와서 유숙留宿하고 있습니다. 잘은 모르겠습니다만 그 분과 같은 일로 함께 오신 분이 아니십니까?"

이는 물론 서리 김성익을 지칭하며 묻는 말이다.

"아닙니다. 주인께서는 도대체 무슨 근거로 그렇게 물어보십니까?"

"그 행차의 하인이 어둠을 틈타 이곳에 와서 이쪽 하인과 말을 주고받은 것이 하도 수상해서 여쭤 본 것입니다."

"상것들은 혹 길을 가다 알게 되어도 담배 한 대 나눠 피우고 서로 말을 거는 사이가 되니 나로서는 알 바 아닙니다."

주인이 잠시 멍하니 있길래 이번에는 내가 물어보았다.

"주인께선 이 마을에서 무슨 일을 하십니까? 연세는 몇이시고, 성함은 어떻게 되십니까? 생활하는 형편은 어떻습니까?"

그러자 주인이 대답했다.

"저는 본래 양민良民으로 요즈음은 마을에서 한가롭게 지냅니다. 나이는 60여 세가 지났고, 이름은 오홍직吳興稷이라고 합니다. 예년에는 겨우 지낼 만했는데 금년에는 굶어죽는 것을 면치 못할 듯합니다."

3월 16일, 바람이 불었다.

새벽에 떠나 마령산馬嶺山을 넘는데 산길이 하도 험한 데다가 아침 내내

바람이 불어 간신히 해주 서쪽 은동촌銀同村에 도착해 아침을 먹었다. 이때 우리 일행이 아침을 먹은 집의 주인이 우리에게 청어靑魚를 대접했는데, 길을 떠난 이후로 처음 맛보는 별미였다. 행량行糧이 다 떨어져 무명을 팔려고 했는데, 한 필 값이 겨우 한 냥 여덟 전이었다. 한 냥이라고 해야 겨우 전미田米[44] 여덟 되 값밖에 안 되었다. 행낭 속에 보관하고 있던 것들을 다 꺼내 살펴보았지만 약간의 돈과 무명 한 필밖에 남아 있지 않았다. 양식을 구할 생각으로 마을 사람에게 물어보았더니 우리 사정이 급박함을 알고 곡물 값만 높여 색가索價[45]할 뿐 곡물을 좀처럼 내오려 하지 않았다.

마을 노인을 붙들고 "금년엔 쌀이 귀해 여덟 되면 값이 한 냥인데, 이것도 예년과 비교하면 그 이문利文이 곱절의 곱절은 됩니다. 이런 이문이면 참으로 만족할 만한데 어떻게 다시 색가하려 하시오?"라 했다. 그러나 마을 사람들은 오불관언吾不關焉(그 일에 상관하지 않는다)이라는 듯 크게 웃고 가 버려 끝내 사고팔지를 못해 하는 수 없이 길을 떠났다. 도중에 산승을 만났는데 눈치를 보니 장을 보러 가는 중인 듯해 무명을 꺼내 보여 주자, 즉석에서 돈 두 냥 닷 전을 내고 바꿔 갔다. 여기서 10여 리를 더 가다가 갑자기 전에 앓던 두통과 오심증이 재발했다. 이는 아마도 이날따라 찬바람을 맞은 데다 배가 고파 닥치는 대로 밥을 많이 먹었기 때문인 듯했다. 이후 곽란증癨亂症[46]이 생겼는데 송화松禾 지역의 어천삼리於川三里·입암촌立岩村을 지나오는 동안 통증이 심해져 위급한 상황이 되었다. 말 위에서 구토하고 심기가 불편해져 한 마을로 들어가 호조다胡椒茶를 달여 먹는 것으

---

44 밭에 심은 벼에서 수확한 쌀.
45 물건의 가격을 탐색하는 것.
46 음식이 체해 갑자기 토하고 설사하는 급성 위장병.

로 구급 처방을 했다. 잠시 지체하고 있는 사이 해가 기울어 날이 어두워졌다.

서리 김성익이 아직 뒤에 쳐져 있어서 사람을 보내 전갈하길, '기력이 없고 통증도 심한 데다 날도 이미 어두워졌으니 차라리 이 마을에서 밤새 몸이나 조리하면서 쉬었다가 내일 아침 일찍 출발하는 것이 어떤가?'라고 이르고는 한 시골집에 들었다. 마침 대장장이 집이었다. 그곳에서 평위산 한 첩을 달여 먹고 저녁밥은 굶었다. 한밤중에야 겨우 기운을 회복해 등불을 밝히고 앉아 주인과 이야기를 나눴다. 그러고선 흰죽을 조금 먹었다.

3월 17일, 흐렸다.

새벽에 길을 떠나려는데 주인이 황급히 달려와 말렸다.

"손님께서는 지난밤 통증이 심했는데 오늘 어떻게 몸조리도 하지 않으시고 이처럼 새벽길을 떠나시렵니까?"

"말씀은 고마우나 갈 길이 바쁩니다. 증세가 대단하지 않은데 어찌 유숙하면서 지체할 수 있겠소."

주인을 물리치고 출발해 송화 백양곡白羊谷이란 곳에 도착해 아침을 먹었다. 밥을 먹을 수 없어 흰죽을 먹었다. 한나절쯤에 송화 조곡鳥谷에서 쉬면서 말을 먹이고 저물녘에 송화 향교 마을에 도착해 하룻밤 묵을 집을 정하고 주인과 한담閑談을 나눴다.

3월 18일, 맑았다.

새벽에 출발해 문화文化 서쪽 초리草里에 당도해 어떤 집에 들어가 하룻밤 유숙하기를 청했다. 그런데 집주인이 거절하면서 어찌나 들어오지 못하게 막는지 하는 수 없이 다른 집으로 발길을 돌렸다. 그 집에서 주인이 나와 말했다.

"우리 집에는 지금 마마를 앓고 있는 아이가 둘이나 동시에 누워 있어 형편상 길손을 맞아들이기가 곤란합니다."

"우리는 자고 가려는 것이 아니라 잠시 쉬었다 가려는 것입니다. 비록 댁에 마마를 앓고 있는 아이가 있다 해도 무엇을 꺼리겠습니까?"

주인 남자가 부인을 돌아보며 "빨리 밥을 지어 대접하도록 하시오." 하고는 곧 마루에 돗자리를 깔고 우리를 앉도록 했다. 주인과 이야기를 나누다가 멀리 보이는 앞마을에 사람이 살지 않는 듯한 기와집 한 채가 눈에 띄어 주인에게 물어보았다.

"저 집은 누구 집인데 저렇게 빈 채로 버려져 있습니까?"

"이 마을에 살던 사람의 집이지요. 지난달에 도적이 들어 겨우 목숨만 건졌습니다. 또 다시 도적의 피해를 당할까 염려해 다른 마을로 이사 갔습니다."

"주인께서는 이웃마을 사람이 도적들에게 당한 것을 보시고도 걱정되지 않습니까?"

"우리 집엔 가져갈 물건이 없으니 걱정할 필요가 없습니다. 하지만 이 근처에 도적의 피해가 심하니 어차피 더 큰 다른 마을로 이사를 해야겠지요. 그런데 아이들이 한 달 넘도록 마마를 앓고 있어서 이사를 가고 싶어도 어쩌지 못하고 머물러 있습니다."

저녁 무렵 문화 용천茸川 마을에 도착해 잠시 쉬는데 병세가 나아지지 않아 밥을 먹지 못했다. 이런 모습을 보고 주인이 물었다.

"손님께서는 왜 밥을 들지 않으십니까?"

"행자行資가 다 떨어져서 먹을 음식을 마련할 형편이 못 되기 때문입니다."

"이 행차를 살펴보면 하인이며 말이며 기물器物을 다 갖춰 자못 궁색한 것 같지는 않은데, 이렇게 양식이 끊어지게 되었다니 참말로 이상합니다."

주인과 이런저런 대화를 나누면서 많은 일들에 대해 들었다.

3월 19일, 맑았다.

새벽에 출발해 10여 리를 가다가 행낭 속 집기를 점검했는데 환도還刀가 보이지 않아 지난밤 머문 집으로 급히 사람을 보내 찾아오게 했다.

안악安岳의 청파靑坡라는 마을에 당도하니, 아침 해가 이미 높이 솟아 마을 사람 모두 들에 나가고 한 노파만이 집 안에 남아 실을 고르고 있었다. 노파에게 아침밥을 지어달라고 하자, "나 같은 늙은이가 어떻게 밥을 지어 손님을 대접할 수 있겠소"라며 거절했다. 우리 일행이 두 번, 세 번 간곡하게 청하자, 그제야 허락했다. 이때 곽락증은 이미 가라앉아 비로소 밥을 먹을 수 있었는데, 하인이 와서 아뢰었다.

"행량이라고는 겨우 전미 대여섯 되와 쌀 두서너 되 그리고 콩 일고여덟 되가 남아 오늘 저녁까지는 겨우 버틸 수 있겠지만, 아마 내일부터는 우리 일행 모두가 굶주릴 것이니 어찌하면 좋겠습니까?"

서리 김성익을 불러들여 말했다.

"애당초 계획으로는 만일 봉산을 지나게 되면 넌지시 관아에 사람을 보내 양식을 구하려 했는데, 이제 봉산 지경과는 자못 멀리 떨어져 양식을 주선하기 매우 어려운 형편이 되었네. 이곳 안악 태수는 평소 아는 사람도 아닌 데다가 또 이곳은 바로 암행할 곳으로 추생抽栍되어 있어 결코 양식을 얻을 수 없네. 이 일을 장차 어찌했으면 좋겠는가?"

"이곳에서 서쪽으로 40, 50리쯤 가면 치애齒崖(또는 적포)라는 나루터가 있습니다. 이 나루를 건너면, 바로 평안도 삼화三和·용강 등지입니다. 만일 이곳 수령들과 서로 아는 사이라면 약간의 노자를 얻을 수 있습니다만, 그렇지 않다면 달리 방도가 없습니다."

"그렇다면 용강 현령縣令 유구징柳龜徵[47]에게 가서 양식을 얻어 오는 것이 좋겠다. 그 사람은 내 어려서부터 절친한 친구라 거절하지 않을 것이네."

드디어 한나절쯤에 우리 일행은 길을 떠나 안악 소곶小串에 도착해 한 집에 들어가 잠시 쉬면서 말에게 먹이를 먹이고 집주인을 불러 길을 물었다.

"이곳에서 치애 나루까지 몇 리나 됩니까?"

"아마 40여 리는 족히 될 것입니다."

"수로水路는 얼마나 험하고 그 넓이는 어떻습니까?"

"넓이는 20여 리 정도 된다고 하는데, 수로가 제법 험합니다. 하지만 건

47 1649~1713. 본관은 문화文化, 자는 중구仲久. 1678년(숙종 4) 사마시에서 진사 3등으로 합격하고, 1680년 별과문시에서 병과로 급제했다. 좌랑·승지 등을 역임했으며, 여러 고을의 수령을 지냈다.

김홍도(1745~?)의 《행려풍속도병行旅風俗圖屛》 중 나루터
국립중앙박물관 소장

너다니는 길손이 많으니 걱정하실 필요는 없을 듯합니다."

우리 일행은 그 길을 찾아 앞으로 나아갔다. 앞에 보이는 저수지 둑을 따라가다가 그만 길을 잃고 헤매다 저녁 늦게야 안악 안국방安國坊에 있는 바닷가 부근에 도착했다. 그곳에서 묵을 곳을 급히 구해 저녁을 먹고 나서 나루터 사공을 불러 물어보았다.

"햇빛이 아직 조금 남아 있네. 우리 일행의 갈 길이 매우 바빠서 오늘 안으로 나루를 건너고자 하는데, 배 좀 빌려 줄 수 없겠나?"

"지금 한창 밀물이 들어오고 있어 건널 수 없습니다. 응당 물이 물러간 뒤에야 배를 움직일 수 있습니다. 다만 제가 이틀 정도 굶어 기력이 없어서 노를 저어 갈 수 없습니다. 행여 남은 밥이 있다면 제게 주시지 않겠습니까? 그렇게 하실 수 없다면 저도 어쩔 도리가 없습니다."

"사정을 들어보니 자네 처지도 매우 딱하군그래. 하지만 우리도 쌀 한 홉도 없으니 어떻게 자네를 도울 수 있겠나?"

말을 마치고 행낭에서 약과 몇 개와 담배 한 움큼을 꺼내 주면서 그를 달랬다. 따뜻하고 공손한 말투로 알아들을 수 있게 설득하자, 뱃사공도 비로소 마음이 움직인 듯했다.

"알겠습니다. 제가 힘껏 배를 몰겠습니다."

"그럼 몇 시쯤에나 배를 띄울 수 있겠나?"

"아마 이경二更(오후 9~11시)쯤이 적당하겠습니다."

"그럼 그때까지 기다리겠네. 꼭 때를 놓치지 않도록 그 시간에 와서 일러 주게나."

사공과 헤어지고 나서 집주인과 잠시 이야기를 나누고 있는데 하인이 와서 아뢰었다.

패도
조선시대에 제조된 것으로 칼집과 병부에 붉은색 칠을 했으며 당초문이 새겨진 황동판으로 마구리 장식을 했다. 매듭술과 허리에 찰 수 있는 쇠고리가 부착되어 있다. 육군사관학교박물관 소장

"일행은 위아래 사람을 합쳐 일곱인데, 행량이라고는 전미가 조금 있을 뿐이오니 어떻게 하면 좋겠습니까?"

잠시 묵묵히 있다가 주인에게 물어보았다.

"내가 여드레나 아흐레 후면 다시 이곳에 올 것이니 쌀 한 말만 빌려주실 수 없겠습니까?"

"내 본래 가난한 사람이라서 죽기는 쉬워도 쌀 한 말을 어찌 빌려줄 수 있겠습니까?"

"마을이 이처럼 아주 큰데 어찌 그 많은 마을 사람 중에 쌀 한 말 빌려줄 사람이 없단 말입니까?"

"이런 흉년에는 인심을 예측할 수 없습니다. 비록 양식이 있다 하더라도 생판 모르는 사이에 어떻게 한쪽 말만 듣고 선뜻 양식을 빌려줄 수 있겠습니까?"

"만일 내 말을 믿지 못하겠다면 패도佩刀와 신표가 될 만한 물건으로 약속을 합시다. 이렇게 하면 양식을 빌려줄 수 있겠소?"

"길손의 간청이 이처럼 절실하니 마을에 가서 물어보고나 오겠습니다."

얼마 지나지 않아 집주인이 돌아와 말했다.

"마을 사람들이 길손의 말을 믿지 않을 뿐더러 정말이지 곡식 한 말 남에게 빌려줄 만한 사람이 없으니 어찌하겠습니까?"

우리 일행은 양식 빌리기를 단념했다. 이경이 되자 뱃사공이 와서 아뢰었다.

"지금이 바로 배를 타고 건널 수 있는 때입니다."

우리 일행이 나루터로 향해 가는데 달빛이 희미하게 밝고 야색夜色(야경)이 창망蒼茫하고 양쪽 벼랑은 깎아 세운 듯 석벽으로 되어 있었다. 그 사이로 보이는 바다는 광활하기 이를 데 없었다.

배가 중류쯤 갔을 때 파도가 세차게 일자, 배 안 사람 모두 겁을 먹었다. 낮은 목소리로 조용히 시 한 수를 지어 읊조렸다.

내 평생을 충신에 의지했더니　　平生仗忠信
오늘은 풍파에 몸을 맡기노라.　　今日任風波

그제야 뱃사공 등이 내가 문자文字(한문)를 아는 양반임을 알고 물어보았다.

"이 행차는 어디로 가십니까?"

"장차 용강 읍내로 가려 하네."

그러자 한 총각 사공이 말을 거든다.

"용강 태수님께선 지금 외지로 출타해 아직 돌아오지 않으셨습니다. 만일 그분을 찾아뵈려 가시는 길이라면 필시 낭패를 보게 될 것입니다."

"자네가 그것을 어떻게 아는가?"

"저는 용강 지역에 사는 사공인데, 마을 사람들이 어제 읍내에 다녀와서 그렇게 말하는 것을 들었습니다. 그래서 그 사정을 자세히 알고 있습니다."

서리 김성익이 나를 보며 말했다.

"그렇다면 큰 낭패니 배를 되돌려 빨리 봉산으로 가서 양식을 구하는 것만 못 합니다."

"이처럼 험한 나루를 이미 반 이상이나 건넜으니 비록 되돌아가려 해도 사공들이 필시 말을 듣지 않을 것이라네. 또 이대로 용강으로 갔다가 만약 태수가 없으면 그곳에 머물러 있으면서 관아에 전갈을 보내 소통해 보면 약간의 양식을 얻을 수 있을 것이라네. 그래도 안 되면 자네를 평양 판관判官[48] [당시 유이복柳以復[49]이 평양 판관으로 재임하고 있었는데, 그와는 어려서부터 친교가 매우 두터웠다]에게 서둘러 보낼 것이네. 그곳에서라면 행자를 넉넉히 얻을 수 있을 것이네. 이것이 가장 좋은 방법일 것이네."

얼마 지나서 배가 맞은편 언덕 아래에 도착했다. 그런데 길이 전부 발이 빠지는 진흙이어서 발을 내딛기가 어려웠다. 어찌할 수 없어 나는 다른 사람의 등에 업혀 간신히 언덕에 올랐다. 서리 김성익은 그를 업은 녀석이 발을 헛디뎌 자빠지는 바람에 두 사람 모두 진흙 벌에 빠져 옷이 온통 진흙으로 축축하게 더럽혀졌다.

부듯가 어떤 집에 투숙했는데, 이미 닭이 울어 새벽을 알렸다. 잠시 동

---

48 종5품 외관직의 하나. 크게 둘로 나뉘는데, 먼저 대읍大邑·거진巨鎭에 수령의 부관 격으로 파견한 판관이 있었고, 또한 감사가 임기 2년에 솔권率眷 부임해 감영 소재 읍의 부윤 또는 목사·부사를 겸임할 때 해당 고을에 두는 판관이 있었다.

49 1653~?. 본관은 전주全州, 자는 군휴君休. 1689년(숙종 15)에 증광시增廣試 병과丙科에 합격했다. 1691년 정언에 제수된 이후, 지평·평양판관·의주부윤·강원도관찰사 등을 역임했다.

안 자는 둥 마는 둥, 동녘이 밝을 새라 일어나 서둘러 길을 떠났다. 우리 일행이 가는 길 위엔 아직도 달빛이 남아 있었는데, 그때는 아직 어두컴컴한 새벽이었다. 10여 리를 더 나아가니 비로소 날이 훤하게 밝아 길을 오고가는 사람들이 보였다.

3월 20일, 맑았다.

새벽에 출발해 용강 동창東倉 근처에 이르러 한 집에 들어가 아침을 먹으려는데 집주인이 심하게 막아서며 거절해서 발길을 돌려 다른 집으로 들어갔다. 처음엔 아무도 없어 머뭇거리다가 객실客室이 하도 정결해서 들어가 마루에 앉았는데, 자칭 양반이라는 주인이 나와 물었다.

"손님은 어디서 오셨으며 어디로 가십니까?"

"안악에서 나루를 건넜는데 장차 평양으로 가려 합니다."

주인과 이야기를 나눴다. 그런데 행낭 속에는 단지 전미 네 되뿐이었는데 일행이 겨우 요기할 정도의 양이었다. 또 밤새도록 나루를 건너느라 잠도 못 자고 먹지도 못해 피곤하고 졸렸다.

한나절이 지나 간신히 용강 읍내에 도착했다. 도착하자마자 어제 총각 사공이 알려준 대로 사실 여부를 탐문해 보니, 과연 용강 태수는 출타 중이었다. 우리 일행은 하는 수 없이 어느 기와집에 머물러 쉬었는데, 그 집 방이 제법 깨끗하고 좋았다. 집주인의 이름을 물어보니 김무금金武金이라 했다. 그가 역졸을 관아에 보내 아전 하나를 불러들였다.

"사또께서 어디 가셨고 언제쯤 돌아오신단 말이냐?"

"동추관同推官[50]으로 평양에 가셨습니다. 오늘 저녁 아니면 내일 아침에 돌아오실 것입니다."

"그럼 관아에 그의 자제子弟는 있겠구나!"

"네. 태수님의 조카 되시는 서방님이 현재 관아에 계십니다."

"그렇다면 너는 속히 돌아가서 한양 어의동於義洞[51]에 사는 박씨 성의 양반이 이곳에 와서 보고자 한다고 일러라."

얼마 뒤에 유호징柳虎徵의 아들이자 용강 태수의 조카인 유하윤柳夏胤이 찾아와 뵈었다. 그는 나를 보자 놀랍기도 하고 한편 기쁘기도 한지 이렇게 말했다.

"어르신께서 무슨 일로 또 이곳에 오셨습니까?"

유하윤이 이렇게 말한 것은 그때 유봉서柳鳳瑞[52]가 암행차 방금 평양에 도착했는데, 우리 일행이 또다시 이곳에 왔기 때문이다. 혹시 나도 암행의 사명을 띠고 평안도에 온 것이 아닌가 의심한 것이다.

나는 껄껄 웃으며 말했다.

"나는 벼슬살이하지 않은 지 이미 오래되었다네. 어찌 공무公務가 있겠는가? 부득이한 일 때문에 개인적으로 여행하고 있는데 자네는 어찌 의심하는가? 그보다는 자네 숙부는 언제쯤 돌아오시는가?"

"오늘 저녁이면 돌아오실 것입니다. 지금 강서현江西縣에 머물러 계신다

---

50 추관은 추국推鞫할 때 합동으로 죄인을 신문訊問하던 관원.

51 지금의 서울 종로구 효제동.

52 1654~1699. 본관은 문화, 자는 계휴季休. 1684년(숙종 10) 사마시에서 진사 1등으로 장원을 했고, 1689년 증광문과에서 병과로 급제했다. 1694년 검열을 거쳐 정언·문학·지평 등을 지냈다. 1696년 평안도 암행어사로 민정을 살피고 돌아와 다시 지평에 제수되어 장희빈의 오빠 장희재張希載를 처벌할 것을 주장했다.

는 말을 들었는데, 그렇다면 내일 아침 일찍 관아로 돌아오실 것입니다."

"실은 지금 행량이 다 떨어져서 오늘 우리 일행이 아직껏 식사를 하지 못했네. 먹을 것이 있으면 속히 좀 보내 주면 고맙겠네."

유 군君은 즉시 하인을 불러 먼저 몇 그릇의 다담茶啖[53]을 내오게 해 우리 일행이 먹게 해 주었다.

이 집주인은 비록 처음부터 우리 일행을 막아서며 거절할 뜻은 없었지만, 그렇다고 공손히 대접할 뜻도 없었다. 그런데 이처럼 관아에서 나온 것을 보고는 금방 태도를 바꿔 공경하면서 접대했다. 게다가 우리 일행이 벼슬이 높거나 본 도에 파견된 암행어사쯤으로 여겨 당황하고 두려워하는 기색이 있었다. 집주인의 이런 모습을 보고 있자니 심히 가소로웠다.

유하윤은 나와 함께 조용하면서도 즐겁게 이야기를 나누다가 밤이 깊어서야 관아로 돌아갔다.

3월 21일, 맑았다.

용강 태수가 이른 아침에 강서현에서 용강 관아로 돌아왔다. 그는 내가 이곳에 머물러 있다는 소식을 듣고선 즉시 달려왔다. 서로 만나 보니 매우 기뻤다. 그런데 그도 나의 행색을 의심스러워 하면서 말했다.

"유 문학이 이미 이곳에 내려왔는데, 형님께서는 어째서 또 오셨습니까?"

53 손님을 대접하기 위해 내놓는 차와 과자 따위의 음식.

나는 그저 웃을 뿐 아무 대답도 하지 않았다. 다만 양식이 떨어져서 얻으러 왔으니 이곳에서 속히 도움을 주었으면 한다고 말했다.

"그렇다면 양식이나 반찬거리 등, 여행 중에 긴요한 물건을 종이 한 장에 빠짐없이 적어 주십시오. 제가 마련해 보겠습니다."

"오늘은 벌써 한낮이 지났으니 출발하기에 너무 늦었습니다. 이곳에서 머물다가 내일 새벽 일찍 출발하시는 것이 좋겠습니다."

"갈 길이 바빠서 한곳에서 이틀 밤이나 묵을 수 없네. 빨리 여행하는 데 필요한 것들이나 마련해 주시게."

그는 곧바로 나가서 얼마 후에 내가 요청한 물건을 넉넉히 가지고 왔다. 그가 준 것들을 잘 챙겨서 바로 출발해 용강 동창에 머물던 집으로 돌아와 하룻밤 묵었다.

3월 22일, 맑았다.

새벽에 출발해 담이儋耳 나루 부근에 도착했다. 이곳은 급수문急水門 상류라서 폭은 치애 나루만 못 하다. 때마침 나룻배가 모두 강도江都(강화도)의 양곡을 운반할 호송선으로 차출되어 갔고, 오래되어 썩은 배 한 척만이 남았는데, 이 배로는 너무 위험해서 도저히 나루를 건널 수 없었다. 잠시 후에 배 한 척이 상류에서 내려왔다. 사공이 이를 보고 말했다.

"저 배는 견고해 나루를 건널 수 있습니다. 다만 밀물이 지금 막 들어오고 있어 짠 바닷물이 불어나면 건너기 어려우니 속히 저 배를 불러 서둘러 건너는 것이 좋겠습니다. 다만 일행을 살펴보니 말이 네 필에 인원이 일곱

명에다 짐이 많아 한목에 건너기 어려우니 두 번에 나누어 건너면 탈이 없을 것입니다."

사공의 말대로 짐과 말 등을 먼저 보내고 우리도 뒤따라 나루를 건너 맞은편 언덕으로 올라갔다. 이곳이 바로 황주黃州 서쪽 송산리松山里였다.

나루를 건널 때 출렁이는 파도 속에 있던 어떤 것을 멀리서 보았는데, 그 형상이 마치 돼지 비슷했고, 파도를 따라 출몰했다. 괴이하게 여겨 사공에게 어떤 물고기인지 물어보자, 그가 대답해 주었다.

"물이적어物伊赤魚(일명 셕지)라는 물고기입니다. 돼지같이 생겼고 비늘이 없습니다. 큰 놈은 3년 묵은 송아지만 하고, 수어秀魚(일명 숭어)를 잡아먹는데, 그 놈이 급히 달릴 때면 물결이 가로로 갈라집니다."

"혹 저놈을 사람들이 잡아 본 적이 있느냐?"

"바닷가 사람들이 가끔 쏘아 잡습니다. 그 고기 맛은 말고기와 비슷한데 몸에는 기름이 아주 많아 끓여서 추출해 내면 혹 등유燈油 대신 사용할 수 있습니다. 때로는 여러 상처에 바르기도 하는데 제법 효험이 있습니다. 쏘아 잡을 때는 반드시 주살을 사용합니다. 촉은 채고釵股(세 갈래진 작살)와 비슷해 맞히기만 하면 뽑을 수가 없습니다. 쏠 때는 세 사람이 동시에 같이 쏩니다. 세 개의 주살이 모두 적중한 후에 주살을 잡아당기면서 끌어내어 모래밭에 놓아두면 칙칙 하는 소리를 내고 눈물 흘린 자국을 볼 수 있습니다."

"바다 속에는 더 괴상한 물고기가 많다고 하던데, 혹 자네들은 그것을 본 적이 있는가?"

"이곳은 큰 바다가 아니어서 별달리 기괴한 물고기는 없습니다. 다만 어떤 물고기는 그 길이가 몇 발이나 되는지 알 수 없을 정도로 크고, 바다

속에서 꼿꼿하게 서서 다니면서 가끔 출몰합니다. 뱃사람들은 그놈을 황적黃赤이라고 부르는데, 날씨가 크게 가물 때면 반드시 나타납니다."

오후에 황주 서쪽 청룡포青龍浦에 도착해 나루를 건너 안악으로 향하려는데, 마을 사람들이 우리에게 알려 주었다.

"이 나루는 넓이가 거의 30리나 되는데 해가 이미 기울어 저녁 무렵이라서 배로 먼 곳까지 건너기 어려운 형편입니다."

그래서 바닷가 주변 한 집에서 하룻밤 묵었는데, 주인이 조개와 은어를 주면서 말했다.

"평소에 손님이 묵어가시면 꼭 음식을 만들어 드렸습니다. 그런데 올해 같은 흉년에는 모든 물종物種이 부족하기 때문에 이렇듯 보잘 것이 없습니다."

"아닙니다. 길을 떠난 지 이미 수개월이 되었지만, 마을 인가에서 일찍이 소채蔬菜로도 손님 대접을 받은 적이 없습니다. 오직 주인댁에서만 이렇듯 좋은 음식으로 후한 대접을 받습니다."

이어서 집주인과 더불어 이야기를 나누면서 많은 일들에 대해 들었다.

3월 23일, 흐리다 저녁에 비가 내렸다.

새벽에 출발해 옛 산산진蒜山鎭에 도착해 어떤 한 집에 들어가 아침을 먹고 주인과 이야기를 나누었다.

오후에 율곶栗串 나루에 이르렀는데, 양쪽 언덕의 배가 정박하는 곳이 진흙이라 발이 빠져 사람과 말이 왕래할 수 없었다. 조수潮水가 언덕까지

차기를 기다린 후에 비로소 나루를 건넜지만, 비가 점점 세차게 내리고 날은 이미 어두워지려 했다. 그래서 나루터 주변 창저촌倉底村에서 하룻밤 묵어가려 했으나, 집들이 몹시 협소해 우리 일행이 묵기에는 곤란했다. 게다가 집집마다 모두 마구간이 없었다. 어쩔 수 없어 산등성이 하나를 넘어가서 어떤 집에 투숙하려고 들어갔다. 그 집엔 단지 여자 몇 명이 있을 뿐이었는데, 문을 닫고 들어가 앉아 우리 일행을 접대할 뜻이 없었다. 하는 수 없이 말에서 짐을 풀고 처마 밑에 앉아 비를 피했다. 쏟아지는 빗줄기는 더욱 심해지고 날은 저물어 거의 캄캄했다. 진퇴유곡進退維谷이 되어서 어찌하지 못하고 앉아 있으려니 얼마 후에 의관을 정제한 자칭 양반이란 사람이 다가와서 읍揖을 하고 앞으로 나와 말했다.

"이곳에는 아녀자들만 있으니 외부 손님을 어떻게 맞을 수 있겠습니까? 보아하니 길손 같으신데, 저희 집에 오셔서 묵으십시오."

"이 집에 주인장이 없는 줄 미처 몰랐습니다. 그렇지 않아도 방을 빌려 하룻밤 묵어가려던 참이었습니다. 지금 그대 말을 들어보니 형편상 이 집에서 묵어가기 어렵겠군요. 댁의 집은 어디쯤에 있습니까?"

그는 언덕을 가리키며 말했다.

"저 언덕 위에 사립문을 열어 놓은 집이 바로 제 집입니다."

드디어 함께 그의 집으로 걸어가서 객실에 나란히 앉았다. 내가 양식을 꺼내 주자, 그가 아이 종을 불러 양식을 서둘러 받아다가 밥을 지어 오라 분부를 내렸다. 그러고 나서 등불을 벽에 매달아 놓았다. 집주인과 마주 앉아 이야기를 나눴다.

"이곳은 어느 지역입니까? 마을 이름은 무엇이고, 주인의 이름은 어떻게 되십니까?"

"이곳은 재령군載寧郡 북쪽 율곶이라는 마을이고, 제 이름은 신달현申達賢입니다."

"그렇다면 주인께선 평산平山 신씨가 아닙니까?"

"네. 그렇습니다."

"평산 신씨라면 모두 고려 개국공신開國功臣 장절공壯節公 신숭겸申崇謙의 후예들인데, 주인도 그렇습니까?"

"이런 것까지 물으시니 실로 부끄럽습니다. 저도 장절공의 후손으로 선대 때는 양반으로 행세했습니다만, 이제는 가운家運이 쇠미해 군역을 면치 못하게 되었으니 부끄럽습니다. 조금 전에 손님들께서 들어간 집이 바로 돌아가신 제 형님 댁으로 다만 과부가 된 형수씨만 살고 계시기 때문에 이곳으로 오시라 청했습니다."

주인과 한참을 이야기하는데, 어떤 사람이 밖에서 들어왔다. 주인 신달현이 얼른 일어나 공손히 맞이했다.

"임 생원께서 어찌 알고 오셨습니까?"

그러자 그는 "이웃 사람들의 말을 듣자니, 어떤 행차가 자네 집으로 들어갔다고 하기에 혹 서울에서 오신 손님이 아닌가 싶어 찾아왔네" 하며 나를 바라보고 말했다.

"사는 곳이 어디며 어디로 가는 중이십니까?"

"제가 사는 곳은 충청도인데, 흉년을 당해 관서 지방으로 가서 양식을 빌리려고 합니다."

"그러시군요. 저는 임우任瑀라고 하며, 관향貫鄕은 풍천입니다. 서울 사는 판서 임상원任相元[54]이나 전 서흥瑞興 현감 임윤원이 모두 제 일가붙이입니다. 존장尊丈께서도 혹 이 두 사람을 알고 있으신지요?"

"저는 본시 시골 사람으로 서울에서 멀리 떨어져 살고 있습니다. 비록 서울에 임 판서라고 하는 분이 산다는 말은 들었지만, 그 분의 면목은 평소에 본 적이 없습니다."

화제를 바꾸어 다른 일에 대해 물었다. 내가 이름을 밝히지 않자, 임우라는 사람이 자못 불쾌한 듯 말했다.

"나는 이미 성명을 밝혔는데, 존장께서는 어째서 성명을 감추고 밝히지 않으십니까?"

"다른 일들에 대해 이야기를 주고받다보니, 답할 겨를이 없었습니다. 내 이름은 박중朴重이라고 합니다."

이렇게 얼버무리자 임우라는 사람이 나와 이야기하는 사이에도 자꾸 나를 곁눈으로 흘끔흘끔 쳐다보다가 갑작스레 물어보았다.

"내가 지난해 7월 즈음 임윤원의 집에 갔었습니다. 그때 임 판서도 동석해 어떤 사람과 장기를 두고 있었는데, 그 사람의 얼굴이 존장과 어찌 그리 닮았는지 혹 그때 그분이 아니십니까?"

껄껄 웃으면서 대답했다.

"내 평생에 임 판서나 임 서홍을 전혀 모르는데, 어떻게 그 집에 가서 장기를 둘 수 있겠습니까? 이는 아마 그대가 잘못 안 것입니다."

곧 화제를 바꾸어 다른 일들을 물어보았다. 그러자 임우는 묻는 말에는 건성으로 대답하며 나의 기색을 살펴보았는데, 자못 의심하는 눈치였다. 그는 밤이 깊어서야 작별 인사를 하고 자기 집으로 돌아가며 내게 말했다.

---

54 1638~1697. 본관은 풍천豐川, 자는 공보公輔, 호는 염헌恬軒. 1660년(현종 1) 생원이 되고 1665년 별시 문과에 장원으로 급제했다. 용강 현령·교리·대사간을 지냈고, 1688년 동지부사冬至副使로 청나라에 다녀와 도승지 등을 지내고 이어 공조판서·형조판서를 지냈다.

"날이 새기 전까지는 좀처럼 비가 그치지 않을 것 같으니, 박 생원께서는 필히 아침을 드신 후에 떠나십시오. 내일 아침 일찍 또 찾아뵙겠습니다."

"우리 일행은 여정이 매우 바빠서 비가 그치지 않더라도 새벽녘에는 길을 떠나야 합니다. 거듭 찾아올 일이 무엇 있겠습니까?"

이에 신달현도 우리의 행차를 만류할 뜻이 있었지만, 감히 자청하지는 못했다. 다만 임우에게 눈짓으로 재차 만류하도록 하기에 주인에게 마지못해 이렇게 말했다.

"주인께서 이렇듯 간청하니, 내일 날씨를 살펴서 결정하겠습니다."

3월 24일, 비가 내렸다.

새벽닭이 운 이후에도 비가 그치지 않았다. 하늘은 희끄무레하고 동녘이 차츰 밝아 왔다. 아무래도 임우가 내게 의심을 품고 있는 것 같아서 신분이 노출될까 염려되어 말 위에 올라타고 막 문을 나서려고 했다. 그런데 우리 일행이 일찍 출발하는 것을 안 신달현이 집 안에서 쫓아 나와 말머리를 끌어당겨 만류하며 말했다.

"흰죽을 준비해 놓았으니 한술이라도 뜨고 떠나시길 바랍니다. 게다가 아직 비가 그치지도 않았는데, 어떻게 이 비를 무릅쓰고 출발하시렵니까?"

그의 말씨로 보아 진심으로 간청하는 것이었지만, 죽이 준비되었다는 말은 필시 거짓인 듯했다.

"주인의 두터운 정의情誼는 감사하지만, 우리 일행은 갈 길이 바쁘기 때문에 부득이하게 빗속이라도 출발해야 합니다. 부디 가는 길을 막지 말아 주십시오."

간신히 그를 떼어 놓고 길을 떠났다.

10여 리를 가니 비는 더욱 세차게 쏟아져 일행 모두 옷이 흠뻑 젖은 채로 길가 어느 마을에 들어섰다. 지명을 물어보니, 재령 담이 마을이었다. 우리가 투숙한 집의 주인 이름은 최생립崔生立인데, 우리를 보자 이렇게 말했다.

"이 빗속에 무슨 일로 길을 떠났습니까? 어젯밤 어느 마을에서 묵었는지 모르겠습니다만, 어찌 그곳에서 아침을 하지 않으셨습니까? 소인의 집은 몹시 협소해 마구간도 반 칸밖에 안 되니, 손님의 행차를 어떻게 모실 수 있겠습니까? 더군다나 땔감이 없으니 밥 짓고 말먹이를 끓이는 등의 일을 어떻게 하겠습니까?"

"어젯밤 율곶 나루 부근에서 묵었는데, 애초에 비가 이처럼 아침 내내 거세게 쏟아질 줄 전혀 예상치 못했습니다. 다만 갈 길이 바빠서 새벽에 일어나 출발했습니다. 보시다시피 사람과 말이 모두 비에 젖어 더는 갈 수 없게 되었습니다. 그래서 잠시 쉬면서 아침이나 먹고 가려고 이 마을에 들어왔습니다. 마구간이 비록 좁기는 하지만 어찌 두 필의 말을 수용할 수 없겠습니까? 그리고 땔나무는 당연히 그에 상당하는 값을 치를 것이니 염려 놓으십시오."

주인이 내 말에 미소를 띠면서 말했다.

"양반님네를 접대하면 뒷날 이로움이 없지 않을 것입니다. 게다가 빗속에 찾아온 손님을 어찌 차마 쫓아내겠습니까?"

잠시 후 밥을 지어 왔다. 아침을 먹고 그와 더불어 이야기를 나누면서 얻어 들은 일들이 많았다.

오후가 되자 비가 조금 멎었다. 신천信川의 동촌東村 고손이리古遜伊里에 도착해 길가 어느 시골집에 들어가니, 백발노인이 나와 우리 일행을 맞았다.

"비를 맞은 뒤라 자못 한기寒氣가 있으니, 방 하나를 빌려 주시면 잠시 휴식을 취할까 합니다."

"내 집엔 방이 하나밖에 없습니다. 게다가 누추하기 짝이 없어 결코 귀하신 손님께서 쉴 만한 곳이 못 됩니다. 하지만 이미 들어오셨으니 어찌 감히 거절이야 할 수 있겠습니까?"

노인을 따라 방으로 들어가 앉아 보니, 정말이지 방의 크기가 말(斗)만 했고, 창이 하나 있을 뿐이었다.

노인이 내 앞으로 다가와 말했다.

"보아하니 존객尊客께서는 필시 벼슬살이하는 귀하신 분 같습니다."

이에 웃으면서 말했다.

"주인장께서 어찌 그리 망령되십니까? 나는 어려서 글을 배우지 못한 데다 기력이 약해 무예도 닦지 못했습니다. 그러니 어떻게 벼슬을 할 수 있겠습니까? 이처럼 길을 나선 이유는 흉년을 당해 굶어죽기나 면하려고 관서 지방의 친분 있는 수령들을 찾아가서 걸식이나 해 보려는 것입니다. 주인장께서 나를 어찌 보시고 그런 말씀을 하십니까?"

"저를 속이시진 못합니다. 모름지기 바른말로 이르셔야 합니다. 정말 존객께선 벼슬을 안 하셨습니까?"

노인이 뚫어지게 바라보기에 정색을 하면서 말했다.

"내가 만일 벼슬살이를 했다면 무엇 때문에 주인장을 속이겠습니까?"

"참말로 그러시다면 이것도 팔자소관인가 봅니다. 손님의 얼굴을 보니 반드시 벼슬할 귀인이시기에 말씀드린 것입니다."

"그럼 주인장께서는 사람의 관상을 볼 줄 아십니까?"

"지금 제 나이가 일흔아홉인데, 열예닐곱 살 때 명나라에서 부총副摠 정룡程龍과 백등용白登庸이라는 분이 우리나라에 사신으로 오셨습니다. 이분들이 오실 때면 반드시 서로西路를 지나게 되어 있는데, 그때마다 제가 여러 번 시종을 들었습니다. 두 분 사신께서는 내 용모가 곱다고 무척 아껴주셨습니다. 특히 백등용이란 분은 저의 성이 자기와 같다며 더욱 친밀하게 대해 주고 상급賞給[55]도 제법 두둑이 주셨습니다. 그때 그분이 제게 가르쳐 주시기를, 사람의 이목구비가 이러이러하면 필시 귀하게 되고, 이러이러하면 필시 비천하게 된다고 하셨습니다. 또 가령 관상을 보는 데 필요한 핵심을 기록한 몇 장의 글을 제게 주었습니다. 그러면서 이 비술秘術을 명확하게 알고 있으면 밥은 먹고살 수 있다고 하셨습니다. 제가 그때 그분의 말씀을 가까이에서 직접 듣고 익혔습니다. 이 때문에 지금 손님의 이목구비를 살펴보매 자못 두 분 사신께서 이런 관상은 필시 귀인이 된다고 말씀하신 것이 떠올라 조금 전에 그런 말씀을 드린 것입니다."

"반드시 귀하게 된다는 말은 잘못인 듯합니다. 그런데 내게는 자식이 있고 수명대로 살겠습니까?"

그러자 노인은 다가오더니 나의 뇌후골腦後骨(뒤통수뼈)을 어루만져 보았다.

"필시 장수하시겠습니다."

"그럼 자식은 있겠습니까?"

---

55 상으로 주는 돈이나 물건.

"내가 어찌 그런 일까지 갖추어 알 수 있겠습니까?"

노인은 제자리로 돌아와 앉더니 혼자 입속말로 중얼거렸다.

"관상은 반드시 벼슬할 귀인인데 지금 그러한 일이 없다고 말하니, 이는 정말이지 팔자가 좋지 않은가 보다."

이렇게 말하고는 자못 강개慷慨한 낯빛을 띠웠다.

"지난 일이야 말할 것 없고, 앞으로 혹시 벼슬할 수 있겠습니까?"

"지금 이와 같은 모습을 가지고도 아직 벼슬을 하지 못했다는데, 어떻게 앞으로 반드시 벼슬하리라 장담할 수 있겠습니까? 예전 무오년(1618, 광해군 10)에 의주義州에서 만과과거萬科科擧[56]를 시행했을 적에 제 선친께서도 등제登第하셨습니다. 그때 관가에서 많은 사람을 취하려고 과거에 응시한 사람에게 말을 달리며 시관試官[57] 앞으로 나와서 활을 쏘도록 했는데, 혹 적중시키는 사람도 있고 적중시키지 못하는 사람도 있었습니다. 그날 과시의 등락登落이 오직 화살 하나에 달려 있었습니다. 과거에 합격하는 것도 이럴진대, 존객께서 그런 관상을 갖고서도 아직 관명官名을 얻지 못했다면 그것 또한 운명입니다."

"대체 노인은 어느 곳에 사십니까?"

"제 이름은 백수남白壽男이라고 합니다. 백씨는 신천에 대족大族[58]이 살고 있습니다. 종친들은 모두 좌수座首[59]를 지냈고 선친도 무오년 무과에 합

---

56 무과에서 많은 사람을 뽑는 과거. 선조 대의 왜란과 인조 대의 호란 등이 잇따라 일어났기 때문에 신분의 귀천을 막론하고 전공을 세운 사람은 그 정도에 따라 무과에 등과시킨 데서 비롯되었다. 국방상과 재정상의 이유로 만과가 성행했는데, 과거제도가 폐지되는 1894년까지 유지되었다.

57 과거시험을 관리하고 감독하던 모든 벼슬아치를 통틀어 이르던 말.

58 자손이 많고 세력이 있는 집안.

59 지방의 자치 기구인 향청鄕廳의 우두머리. 수령권을 견제하는 기능을 담당했고, 향원鄕員 인사권과 행정 실무의 일부를 맡아보았다.

한시각韓時覺(1621~?)이 그린 〈북새선은도北塞宣恩圖〉
1664년(현종 5) 함경도 길주목에서 실시된 문무과 과거 시험 장면을 그린 기록화다. 국립중앙박물관 소장

격하셨습니다. 하지만 저는 서자의 자손이라 벼슬하지 못했고 요즘엔 별로 하는 일 없이 놀고 있습니다."

노인은 이렇게 말하고 나서 또 다시 이어서 말했다.

"두 분 명나라 사신께서 나의 관상을 보고 나서 하신 말씀이, 나이는 여든을 넘길 것이고, 생활 형편은 넉넉할 것이라 했습니다. 젊어서는 내외가 열심히 농사를 지어 신곡新穀(햇곡식)이 구곡舊穀(묵은 곡식)이 될 정도로 양식이 풍족했습니다. 그런데 나이 들어 몸이 쇠약해진 뒤로는 차츰 젊은 시절 같지 않아 지금 나이 일흔아홉인데 조만간 수명이 다할 것 같습니다. 하지

만 그 두 분의 말씀이 전혀 징험이 없다고는 생각하지 않습니다."

"노인의 생활 형편이 풍족한지 어떤지는 알 수 없지만, 지금 일흔아홉에 이처럼 건강하시니, 그 두 분 사신의 말씀이 거짓이 아님을 알겠습니다. 혹 자손은 있으십니까?"

"없습니다. 이것도 그 두 사신께서 나의 관상을 보았을 때 자식은 없겠다고 하셨는데, 과연 그 말씀대로 자식이 없습니다."

그와 더불어 이야기를 나누면서 여러 일에 대해 많이 얻어 들었다.

저녁때 신천 북쪽 천곡방泉谷坊 원산촌元山村에 이르렀는데, 그곳 사람들이 꺼리며 거절하는 기색이 어찌나 심한지 이르는 곳마다 낭패를 보았다. 날은 이미 어두워져 또 어떤 곳에 이르렀는데, 주인의 거절이 전과 같았다. 다른 곳으로 가 보려고 했지만 어둠이 점차 짙어져서 지척咫尺을 분간할 수 없었다. 또 이 집에서 머물러 쉬자니 주인이 완강하게 거절해 진퇴유곡인 상황으로 일이 낭패스럽게 되었다. 하는 수 없이 염치불구하고 말에서 짐을 내리고 문 안쪽에 웅크리고 앉아 있었는데, 얼마 뒤에 주인이 나왔다.

"한 나라의 같은 백성으로 이토록 박절하게 객을 내쫓으니, 장차 주인께서 길손이 되어 이처럼 거절당하면 어찌할 것입니까?"

"날이 저물었는데 멀리서 온 길손을 내쫓기야 하겠습니까? 다만 제 집에 중병을 앓는 아이가 있어 손님을 받을 형편이 못 됩니다. 이러한 사정을 딱하게 여겨 주시길 바랍니다."

"이제 날씨가 따뜻해 공청空廳[60]일지라도 족히 하룻밤을 쉬어 갈 수 있습니다. 주인께서 밥이나 지어 주시길 간절히 바랍니다."

주인이 안으로 들어갔다 잠시 뒤에 다시 나와 말했다.

"방이 비록 누추하고 아이의 병세도 위중하지만 댁의 형편이 이러하니 잠시 쉬어가도록 하십시오."

그는 우리 일행을 집 안으로 데리고 들어갔다. 우리는 자리를 잡고 앉아 비로소 저녁밥을 먹었는데, 거의 이경쯤 되는 밤이었다.

"내게 여덟 살짜리 사내아이가 있는데, 병들어 누워 있은 지가 벌써 대여섯 달이나 되었습니다. 하룻밤 사이에 변便을 여러 번 보기 때문에 한 방

---

60 물건을 쌓아 두는 곳으로 문이 없다. 일종의 헛간이나 창고를 가리킨다.

에서 함께 자기가 아마 힘들 것입니다."

"병든 아이가 변을 보는 것은 으레 있는 일인데, 어찌 편치 못한 일이 있겠습니까?"

이때 어떤 사람이 밖에서 들어왔다. 주인이 그를 자기 형이라고 소개했다. 그와 더불어 한참을 이야기하고 있는데, 갑자기 병든 아이가 신음소리를 내며 몸을 돌려 어미를 불렀다. 그러자 주인이 "이 아이가 필시 변을 보았나 보오!" 하면서 이불을 들춰 들여다보고 창문을 열고 개를 불렀다. 그러자 개 두 마리가 한꺼번에 방으로 뛰어 들어와 서로 다투듯이 변을 핥아 먹었는데, 심하게 악취가 나서 형언하기조차 어려웠다. 그 형이 고개를 돌려 코를 막고 투덜거리며 말했는데, 그 말이 차마 듣기 어려웠다. 당초에 이 집 주인이 길손을 받으려 하지 않음은 이런 이유 때문이요, 다른 일을 핑계로 삼은 것은 아닌 듯했다.

나는 부채에서 나는 향기로 악취를 막으면서 물어보았다.

"이 아이가 하룻밤 사이에 몇 번이나 변을 봅니까?"

"일정치 않습니다. 혹 한두 번일 때도 있고, 혹 네다섯 번일 때도 있는데, 어쩔 도리가 없습니다."

내가 자리에 누우려 하자, 주인의 형 되는 사람이 밖으로 나갔다가 곧 돌아와 말했다.

"제 방이 비록 누추하지만, 악취가 나는 이곳보다는 좀 나은 편입니다. 제 집에 가서 묵는 것이 어떻겠습니까?"

즉시 그 집으로 거처를 옮겼다. 그러자 전 주인이 뒤늦게 찾아와서 사과했다.

"아이의 병 때문에 한밤중에 자리를 옮기게 해서 정말 죄송합니다."

"사정이 그러한데 뭐 미안할 게 있겠습니까? 그런데 댁의 아이의 복통 증세는 지금 몇 달이나 되었습니까?"

"여섯 달쯤 되었습니다. 먹는 것은 아직 완전히 그만두지 않았습니다만, 하룻밤 사이에 적어도 대여섯 번 변을 보니 아무래도 살기 어려울 것 같습니다."

"쑥으로 배꼽 부위에 뜸을 뜨면 다소 효험이 있을 것인데, 어째서 그렇게 하지 않습니까?"

"연제법煉臍法[61]은 어떻게 하는 것입니까?"

방법을 자세히 일러 주자, 그는 이렇게 말했다.

"저는 다만 귀신의 빌미로만 여겼을 뿐입니다. 이처럼 약을 사용해 고치는 법을 몰랐습니다."

이어서 그와 함께 이야기를 주고받다가 많은 일에 대해 들었다.

3월 25일, 맑았다.

새벽에 출발해 신천 삼동森洞 마을에 도착해 어떤 집에서 아침을 먹고 주인과 이야기하는 동안 많은 일들에 대해 들었다. 한나절쯤에 문화 갈산방葛山坊에 이르러 말에게 먹이를 먹였다. 저녁때쯤 안악 순풍방順風坊 도찰리道察里에 도착해 어떤 집에 들어가 하룻밤 묵기를 청하자 주인이 거절하지 않고 즉시 허락했다. 주인의 이름을 물어보니 김막대金莫大라고 했다.

---

61 배꼽 부위에 뜸을 떠 배꼽을 튼튼하게 해 오래 살게 하는 방법이다.

그와 함께 자면서 많은 이야기를 주고받았다.

3월 26일, 맑고 바람이 불었다.

새벽녘에 출발했는데, 새벽이라서인지 매우 쌀쌀하고 들바람이 제법 세차게 불었다. 10리쯤 나아가니 추위를 견딜 수 없고 배마저 고팠다. 안악 판교방板橋坊에 이르렀을 적에 길가에 한 집이 있어 잠시 쉬어 가고자 했다. 그 집 대문 안 외청外廳에 들어서며 "주인 계시오?"라고 불렀다. 아직 이른 아침이라 문은 모두 닫혀 있었고, 한적하니 인기척이 없었다. 잠깐 있으니 상방에서 어떤 사람이 창문을 약간 열고 몸은 숨긴 채 우리 일행을 엿보았다. 그러더니 잠시 후에 건장한 남자 하나가 갑자기 집 안에서 튀어나와 우리 일행이 앉아 있는 앞으로 다가와 우뚝하니 버티고 섰다. 남자는 자못 기세가 등등했는데 목청을 높여 우리에게 말했다.

"생원인지 사과司果[62]인지 모르겠지만 행색을 살펴보니 양반의 행차인 듯한데, 어찌 이처럼 인사도 없단 말이오. 나도 상놈의 집안이 아닌데 어째서 물어보지도 않고 곧장 집 안으로 들어온단 말이오. 당신이 종 녀석들을 이처럼 형편없이 가르쳤으니 인사성이 없다고 할 만합니다."

그가 성이 나서 주먹을 불끈 쥐기에 웃으며 부드러운 말씨로 대답했다.

"나 역시 주인댁이 상놈의 집은 아닌 것 같아 감히 곧바로 내청內廳에 들지 않고 이렇게 객실에 앉아 있는 것입니다. 한데 무엇이 그리 노여워할

---

62 오위에 딸린 정6품의 무관직. 현직에 있지 않은 문무관 및 음관蔭官 중에서 뽑았다.

만한 일입니까? 한 나라 백성으로 일찍이 서로 면식이 없는 사이라도 한 번 보고 나면 곧 아는 사이가 되는 법입니다. 어찌 불평하는 말투가 이리 심합니까? 종 녀석들의 무례함은 모두 내 책임이니 사과드립니다."

온화하고 공손한 말씨로 이리저리 사리事理를 알아듣도록 잘 타이르자 주인의 낯빛도 다소 누그러졌다.

"오늘은 날이 몹시 추웠는데 새벽길을 무릅쓰고 걸어와서 모두 지쳤습니다. 게다가 배까지 고픕니다. 주인께서 우리를 위해 밥을 지어 주시지 않겠습니까?"

그러자 주인은 한참을 뚫어지게 쳐다보더니 이렇게 말했다.

"내 비록 도로 주변에 살고 있지만, 일찍이 길손에게 밥을 지어 준 일은 없습니다."

그러고는 우리 일행을 문 밖으로 밀어내며 막무가내로 거절했다. 건너 마을을 바라보니 다행스럽게도 문이 열린 집이 눈에 띄어 그 집으로 걸어갔다. 하지만 그 집에서는 먼저 알아차리고 문을 걸어 잠가 우리를 들이지 않았다. 어쩔 수 없이 그곳을 떠나 한 마장(약 400미터)쯤 더 걸어갔다. 길가 언덕 위에 집 한 채가 보여 그 집으로 들어섰다. 활을 만드는 장인의 집이었는데, 간신히 아침을 먹을 수 있었다.

식사 후 주인과 이야기를 나누다가 아침에 우리 일행을 쫓아낸 집을 가리키며 물었다.

"저기 저 집이 양반 댁입니까?"

"아닙니다. 기병騎兵의 집입니다."

오후에 장련군長連郡 동배암촌東排岩村에 도착했다. 형편이 좋아 보이는 커다란 기와집에 들어가 말에게 먹이를 먹일 수 있게 해 달라고 간청하자 주인이 즉석에서 응낙했다. 그런데 날이 이미 저물어 앞으로 가는 길 주변에 묵을 만한 곳이 없을 것 같았다. 슬며시 역졸을 서리 김성익이 있는 곳으로 보내 말을 전하도록 했다.

"날이 저물고 이 집도 제법 괜찮으니 여기서 하룻밤 묵으면서 탐문하고 내일 새벽 일찍 출발하는 것이 좋겠소."

그러고는 주인 영감에게 말했다.

"내가 여독旅毒 때문에 매우 피곤해서 주인댁에서 하룻밤 묵어가고자 합니다. 허락해 주실 수 있겠습니까?"

"우리 집이 아주 넓고 손님방도 널찍한 것이 하나 있으니 유숙하는 것이 무어 어렵겠습니까."

주인이 하인을 시켜 방 하나를 깨끗이 치우게 한 다음 우리 일행을 방 안으로 들게 했다. 내가 방에 앉아 있으니, 그는 새 옷으로 갈아입고 우리를 정중하게 대접했다.

"오늘 아이들이 산에 올라가 나물을 뜯었는데, 마침 목두채木頭菜(두릅)를 많이 뜯어 왔습니다. 산나물이 비록 보잘 것 없지만, 먼 길을 나선 길손이라면 한 번쯤 맛볼 만합니다."

이어서 저녁상이 나왔다. 저녁을 먹고서 주인과 함께 앉아 이야기를 나눴다. 이름을 묻자, 김흥탁金興鐸이라고 했다. 벼슬은 비장裨將[63]에서 시작해 지금은 당상관堂上官[64]이라고 했다.

밤이 깊었는데 어떤 사람이 밖에서 들어오면서 주인을 불렀다. 두 사람

---

63 감사·유수·병사·수사·견외사신을 따라다니며 일을 돕던 무관으로 지방 장관이 임의로 임명했다. 막비幕裨·막객幕客·막빈幕賓·막중幕中·좌막佐幕으로 불리기도 했다.

64 관제를 둘로 나눈 관계官階 분류의 하나. 조의朝儀를 행할 때 당상의 교의交椅에 앉을 수 있는 관원.

쌍학흉배

국립민속박물관 소장

쌍호흉배

육군사관학교박물관 소장

흉배는 조선 시대에만 있던 것으로 문무백관文武百官들의 단령포團領袍 가슴과 등에 부착시켜 품계를 나타내던 장식으로, 품계에 따라 문양을 달리했는데 쌍학흉배雙鶴胸背는 문관 중 당상관, 쌍호흉배雙虎胸背는 무관 중 당상관을 나타내는 표식이었다.

이 잠깐 말을 하더니 얼마 후 주인이 다시 들어와 말했다.

"손님을 모시고 함께 자려 했지만 마침 다른 일이 생겨 잠자리를 같이 할 수 없게 되었습니다."

그의 기색을 살펴보았더니, 우리 일행을 의심하는 눈치였다.

"사정이 있어 함께 잘 수 없다니 매우 섭섭합니다. 우리 일행은 새벽에 일찍 길을 떠날 것입니다. 주인 영감께선 연로하셨으니 나오지 마시고 편안히 계십시오. 훗날 이곳을 지나는 일이 있어 혹 서로 만나볼 수 있다면 얼마나 다행이겠습니까."

그러고 나서 주인에게 아들이 몇이나 있느냐고 물었다. 그러자 주인은 아들이 셋인데, 두 아들 이름은 석달碩達과 정달挺達이고, 또 한 아들은 장님이라고 했다.

다음 날 새벽녘 닭이 운 뒤에 바로 길을 떠나려 하자, 주인이 안에서 부리나케 나왔다.

"어째서 이토록 일찍 떠나려 하십니까?"

주인은 자못 섭섭한 듯 좋은 배 네다섯 덩어리와 술 한 병을 내와 대접했다. 몸이 아파서 술을 마실 수 없다고 사양하고 배 한 덩어리만 먹었다. 그러고는 주인의 후의厚意에 거듭 고마움을 표하며 작별 인사를 하고 길을 떠났다.

3월 27일, 맑았다.

새벽에 길을 떠나 10여 리를 가다가 서리 김성익의 행방이 묘연해 종녀석을 시켜 김성익이 묵은 집으로 되돌려 보냈다. 자세히 알아보게 했더니 벌써 떠났다고 했다. 나보다 먼저 출발했다면 이미 내가 나아가야 할 전도前道에 있을 것이다. 장련 읍내에 이르러 아침을 먹었다. 이곳에서 비로소 김성익이 앞마을을 이미 지나갔다는 사실을 알았다. 점심때쯤 은율현殷栗縣 서쪽 부정모로釜程毛路라는 마을에서 말에게 먹이를 먹였다. 그러는 동안 그곳 주인인 교생과 이야기를 나누면서 많은 일들에 대해 들었다. 저녁때쯤 은율현 사산촌沙山村에 이르러 하룻밤 묵었다.

3월 28일, 맑았다.

새벽녘에 길을 떠나 차유령車踰嶺을 넘다가 길에서 행인을 만났다.

"자네는 어느 고을에 살며 지금 어디로 가는 중인가?"

"저는 은율 사람으로 품삯을 받고선 보장報狀(보고서)을 갖고 해주 감영監

작자 미상의 〈경기감영도〉 병풍 속 감영 모습
감영은 각 도의 관찰사가 집무하는 관청이다. 보물 1394호, 삼성미술관 리움 소장

營에 가는 길입니다.

"금년에는 먹을 것이 없어 백성들이 배고픔에 극심하게 시달리는데, 이 근처 수령 중에 누가 구휼救恤을 잘하는가? 또 공무公務를 처리할 때 어떤 수령이 잘하고 어떤 수령이 못하는지 말해 줄 수 있겠나? 나는 시골에서 자라서 백성들의 고락苦樂이 수령들의 능력 여부에 달려 있음을 똑똑히 알고 있다네. 이 때문에 묻는 것이니 의심하지 말게나."

행인이 이르기를, 근처 수령들의 정적政績이 거의 모두 비슷하다고 했다. 혹 그가 하는 말 중에는 웃을 만한 일도 있었다.

문화현 서초리방西草里坊 도여미道餘味라는 마을에 도착해 어떤 집에서 아침을 먹고, 점심때 문화현 연양延陽의 한 집에서 말에게 먹이를 먹였다.

저녁때 신천군 중령방中令坊 풍지곶豊池串이라는 마을에서 투숙해 보려 했지만, 마을 사람들이 이런저런 핑계를 대며 맞아들이지 않았다. 어떤 곳에 이르러 막무가내로 어떤 집에 들어갔더니 주인의 태도가 자못 공손하지 않았다. 얼마 뒤에 어떤 사람이 밖에서 들어와 우리 행색을 살폈다. 그러더니 예사 사람이 아니라고 여겼는지 스스로 생원이라고 칭하면서 앞으로 나와 절을 했다.

"손님께서는 어디서 오셨습니까? 무슨 일로 오셨는데 어디로 가십니까?"

"충청도에서 왔습니다. 흉년을 당해 먹고사는 것이 하도 궁핍해서 관서 지방의 아는 수령들을 찾아가 걸식이나 해 보려고 길을 떠나 왔습니다."

"관서 지방 역시 흉년이 심하게 들었으니, 비록 가 본다 해도 필시 도움되는 일은 없을 것입니다."

"겨우 굶어죽는 것이나 면하고 돌아온다면 참으로 한강에 가서 목욕하는 것[65]이라 할 수 있을 것입니다. 그런데 이 지방 인심이 왜 이 모양입니까? 비록 흉년이 들었다지만 양식을 준비해 갖고 다니는 길손에게도 이처럼 심하게 푸대접을 하니, 너무한 것 아니겠습니까."

"흉년일 때 사람들의 행동을 평년일 때와 비교할 수야 있겠습니까? 더구나 이 지방은 사방이 들판이기 때문에 땔감이 아주 귀해서 마을 사람들이 손님 맞는 것을 곤란해 합니다. 그러나 기왕에 오신 손님이야 어찌하겠습니까?"

---

65 어떤 일을 일부러 먼 곳에 가서 해 봐야 별로 신통할 것이 없다는 말.

그는 말을 마치고 집 주인을 불러 타일렀다.

"비록 땔나무를 어디서 빌려서라도 잘 대접하는 것이 좋겠소."

밤이 깊어서야 저녁밥을 먹었다. 그런 뒤에 그 생원이 자기소개를 했는데, 이름은 정주鄭紬요, 문화현 원유院儒[66]라고 했다. 한밤중이 되어서야 작별 인사를 하고 물러가면서 말했다.

"함께 자면 좋겠지만, 요즈음 도적의 우환이 많아 이를 방지해야 하기 때문에 부득이 집으로 돌아가야 합니다."

3월 29일, 흐리다가 저녁 때 비가 내렸다.

새벽녘에 출발해 신천군 동쪽 어을아항방魚乙兒項坊의 장천樟川 마을에 도착했는데, 도로 주변의 밭 가운데서 울고 있는 한 남자를 만났다. 왜 우느냐고 묻자, 이렇게 대답했다.

"저는 원래 한양 반송계盤松契[67]에 거주하는 유기장인鍮器匠人으로, 흉년이 들어 재령 땅으로 내려왔습니다. 그런데 이곳에 호적이 없어 진제대상인명부賑濟對象人名簿[68]에 기재되지 않아 고생하면서 그나마 아는 사람들에게 걸식해 왔습니다. 하지만 이제는 아는 사람들마저 모두 떠나 버렸기 때문에 하는 수 없이 신천에 있는 친척 집에 가는 중인데, 이틀째 굶주려 배고픔을 견딜 수가 없어 이렇게 길가에서 울고 있습니다."

---

66 서원에 소속된 유림.

67 지금의 서울특별시 서대문구 지역이다.

68 구호를 필요로 하는 대상자 명부.

이런 일은 한둘이 아니었다. 지나는 곳곳마다 정처 없이 떠돌아다니며 걸식하는 자들을 바라보니 이루 말할 수 없이 참담했다.

드디어 어떤 집에 들어가 아침을 먹고 재령으로 돌아들어 삼지三枝라는 강변 마을에서 말먹이를 먹이니 이미 날이 저물었다. 당탄唐灘을 건너 봉산군 서쪽 나탄신奈灘新이라는 마을에 도착하자 비가 점점 쏟아져 내려 마을로 들어갔다. 어떤 한 집에서 하룻밤 묵을 방을 빌리려고 하자 주인이 즉석에서 응낙했다.

집 안으로 들어왔는데, 한 노인이 여덟아홉 살쯤 된 아이를 안고 장난을 치고 있는 광경을 보고 물어봤다.

"손자입니까?"

"아들입니다."

나이가 아주 많은데도 어린 아들이 있다는 사실이 의아해서 까닭을 물었다.

"내 나이 지금 환갑인데 쉰두 살에 이 아이를 낳았습니다. 그래서 마치 손자 녀석 같기도 해서 이렇게 아주 예뻐한답니다."

"그렇다면 부인께선 나이가 젊습니까?"

"마누라도 쉰하나에 이 아이를 낳았습니다."

그와 어느새 친해져 이야기를 나누다가 그를 통해 많은 일들에 대해 들었다.

4월 1일, 흐리고 바람이 불었다.

새벽에 출발했다. 봉산군 남쪽으로 2리쯤에 있는 상관시上關屎라는 마을에 도착해 아침을 먹었다. 한나절 무렵에 봉산군 검수촌劍水村에 이르러 말에게 먹이를 주었다. 그곳에는 서흥군瑞興郡 소기진所己鎭으로 갈 수 있는 길이 뚫려 있었다. 말에서 내려 걸어서 소기진 앞 준령峻嶺을 넘어 어떤 집으로 들어갔다. 그 집에서 하룻밤을 묵으며 주인과 이야기를 나누면서 많은 일들에 대해 들었다.

4월 2일, 비가 내렸다.

새벽에 일어나 길을 떠나려 했지만 비가 억수같이 퍼부었다. 집 앞 시냇물이 불어나 건너갈 수 없게 되어 행장을 점검하면서 빗줄기가 약해지기만을 앉아서 기다렸다. 비가 조금 그쳤기에 출발해 서흥 읍내에 이르렀다. 이곳에서 아침을 먹고 나니 행자가 또 떨어졌다. 그래서 가지고 있던 물건을 팔아 쌀과 콩을 구입한 후에 바로 신계新溪로 향했다. 길이 산골짜기 사이로 나 있어서 가파른 고개를 넘고 풀숲을 헤치고 지나 날이 저물어서야 신계 서쪽 갈고개葛古介라는 마을에 도착했다. 그곳에서 하룻밤 묵었다. 산이 깊어 그런지 인가가 매우 드물었다. 주인에게 물어보았다.

"인가가 이렇듯 적어 스산하니 도둑들의 횡포가 두렵지 않습니까?"

"깊은 산골이라 그런지 원래 도둑에 대한 근심은 없었습니다. 그런데 올해는 흉년으로 먹고살 것이 없어 배고픔을 견딜 수 없게 된 사람들이 무리 지어 정처 없이 떠돌아다니며 걸식하고 있습니다. 그런데 이들은 조금이라도 자기들 마음에 들지 않으면 한밤중에 불을 지르고 다니니 고민입니다."

계속해 집주인과 이야기를 나누면서 많은 일들에 대해 들었다.

4월 3일, 맑았다.

새벽에 길을 떠나 신계 서쪽 마지일방麻枝一坊의 천일泉日이라는 새로 생긴 마을에 이르러 아침을 먹었다. 점심때쯤 신계 읍내에 가서 말먹이를 먹이고 여러 소문을 들었다.

출발해 20여 리쯤 가니 온통 깊고 깊은 골짜기라서 큰 촌락이라곤 하나도 없었다. 길을 가다 밭 가는 사람에게 물어보았다.

"내 장차 곡산谷山으로 가려 하오. 이곳에서 곡산 땅 경계까지 가는 사이에 인가가 몇 리쯤에 있소?"

그러자 밭 갈던 사람이 고개를 들어 하늘의 해를 쳐다봤다.

"오늘은 이미 날이 저물어 비록 행차를 재촉한다 할지라도 곡산 땅 경계까지 결코 갈 수 없습니다. 여기서 10리쯤도 못 가서 날이 어두워질 것이니 거물원去勿院까지 가긴 힘들 것입니다."

그가 거물원이라고 말하는 곳은 신계와 곡산의 접경 지역에 있는 역원驛院[69]의 이름이다.

"그렇다면 장차 어느 마을쯤에서 투숙할 수 있겠소?"

"이곳의 촌락은 10여 호戶도 연이어 있는 곳이 없습니다. 다만 앞으로

---

69 역참으로 가는 길에 설치한, 나라에서 경영하던 여관.

20, 30리쯤 가면 밭두렁 사이로 작고 좁은 길이 하나 있는데, 약간 서쪽으로 가다가 왼쪽으로 돌아서면 조그마한 고개가 있습니다. 다시 그 고개를 넘어 곧바로 북쪽으로 들어가면 인가 여덟아홉 채가 서로 연이어 있는 곳이 있는데, 이 마을 외에는 달리 의탁할 만한 곳이 없습니다."

그의 말대로 아주 힘들고 어렵게 찾아서 과연 그곳에 도착해 보니, 인가라곤 예닐곱 채뿐이었고, 고개 너머에 또 네다섯 채의 집만 있었다. 그 집들 가운데 약간 널찍한 집이 보여서 그 집 주인에게 방을 빌려 하룻밤 묵고 갈 작정이었다. 그러나 주인이 방 안에서 고개만 내민 채 대답했는데 겨우 소리만 들릴 정도로 작았다.

"남자들은 모두 병들어 누워 있고 여자는 오직 한 명뿐인데, 어찌 그 많은 사람과 말을 맞아들일 수 있겠습니까?"

"하지만 깊은 산골에서 이처럼 날이 저문 때에 이곳 사람들이 길손 들이는 것을 꺼리는데, 비록 다른 곳에 가 보더라도 누가 받아들이겠습니까? 주인께서는 완강히 거절하지 마시고 하룻밤 쉬어 갈 수 있도록 해 주시길 바랍니다. 이렇게 하는 일이 어렵지는 않을 것이오. 다만 저녁밥이나 지어 주시면 더욱 다행이겠습니다."

내 말을 조용히 듣고 있던 주인이 대답했다.

"손님의 말씀이 이와 같으니 저녁밥이야 지어드릴 수 있습니다. 하지만 방 하나에 이처럼 병자病者가 누워 있으니 어느 곳에서 묵을 수 있겠습니까?"

"요즈음은 날씨도 춥지 않으니 우리 일행은 비록 헛간이라도 하룻밤 묵어갈 수 있습니다."

우리가 저녁을 먹고 난 후에야 주인이 방문을 열고 말했다.

"손님들의 행차를 보니 양반님네 같습니다. 이곳엔 사나운 짐승이 많아 혹 습격이라도 당할까 걱정됩니다. 불편하시겠지만 이 방에 들어와 함께 자는 것이 좋을 듯합니다."

주인의 청을 받아들여 방 안으로 들어갔다. 약간 따뜻한 곳에는 주인이 아파서 누워 있었고, 방 한가운데는 잠박蠶箔[70]이 놓여 있었다. 주인은 남겨진 가장자리 부분에 잠자리 하나를 펴면서 말했다.

"손님은 이곳에서 주무십시오."

그와 이야기를 하면서 많은 일들에 대해 들었다. 마을 이름을 물으니, 신계 동유천東楡川이라 했다.

"주인께선 이 마을에 사신 지 몇 년이나 되었습니까?"

"본래 저는 곡산 사람이었는데, 이 마을로 이사와 산 지 몇 대가 지났습니다. 제 나이는 이제 쉰아홉입니다."

"보아하니 건강하지 않은 듯한데, 무슨 병을 앓고 있습니까?"

"특별히 이렇다 하게 아픈 곳은 없지만 날이 갈수록 수척해지고 기침을 자주합니다. 때로는 두통도 있습니다. 하지만 그보다는 이제 밥해 먹을 양식이 떨어져 굶어 죽을 지경입니다. 염치없습니다만 행낭 안에 여분의 양식이 있다면 이 위급함을 구제해 주시길 간절히 바랍니다."

"사정은 딱하지만 우리 일행도 행자가 다 떨어져 매우 궁핍한 상태라 곳곳에 아는 사람을 찾아가 걸식을 하는 중입니다. 내일 아침밥을 해 먹을 양식 이외에는 한 됫박 쌀도 없어 장차 거리에서 굶어 죽을 지경입니다. 어느 겨를에 다른 사람을 구제하겠습니까?"

---

70 누에를 치는 데 쓰는 채반.

행낭에서 석어石魚(조기) 세 마리를 꺼내 그에게 주었다. 그는 고맙다는 말을 거듭했지만, 오히려 한 됫박의 쌀이라도 얻었으면 해서 다시 내게 물어보았다.

"행차가 어느 곳으로 향해 가는지요?

"성천成川과 양덕陽德 두 읍으로 갑니다. 그 두 곳의 원님은 전부터 안면이 있기 때문에 그곳에 찾아가 궁핍함이나 면하려고 합니다."

"그렇다면 가는 길이 빠를수록 좋겠습니다. 평양으로 해서 들어가려면 많은 날을 허비합니다. 돌아오실 때 이 길을 지나게 되어 다시 제 집에 들르신다면 어찌 흔쾌하고 다행스런 일이 아니겠습니까?"

"좀 전에 주인께서 이곳에 사신 지가 꽤 오래되었다고 하셨지요? 그렇다면 이런 깊은 산중에선 맹수들로 인한 피해가 반드시 있을 텐데, 혹 이곳에서 이무기라고 하는 커다란 뱀을 본 적이 있습니까?"

"사나운 짐승은 늘 보지만 커다란 이무기는 일찍이 직접 본 적이 없습니다. 다만 예전 노인들한테 들은 얘기가 있습니다. 마을 사람들이 삼밭(麻田)을 갈다가 더워서 잠깐 쉬고 있는데, 갑자기 삼(麻) 가지들이 쓸리는 것을 보고선 모두 엎드려 자세히 살펴보았다고 합니다. 그러자 어떤 시커먼 물체 하나가 그 밭 주위를 빙 둘러 있다가 차츰차츰 서서히 앞으로 나아갔다고 합니다. 그런데 그것이 사람을 엄습掩襲할 것 같은 형상을 하고 있어 모두들 깜짝 놀라 재빨리 일어나 집으로 뛰어 달려왔다고 합니다. 당시엔 경황이 없어 자세히 보지 못했지만, 언뜻 보기에 몸체의 굵기가 둥근 나무와 같고, 길이는 얼마나 긴지 알 수 없었다고 합니다."

얼마 뒤에 밖에서 인기척이 나더니 어떤 젊은이가 들어왔다. 그러자 주인이 기다렸다는 듯이 대뜸 물어보았다.

"얻어 왔느냐?"

"못 얻어 왔습니다. 쌀 한 됫박, 돈 한 푼 빌리지 못했습니다."

"아, 내일이면 굶어 죽겠구나!"

주인이 깊이 탄식하면서 이렇게 말하고선 신음하더니 자리에 드러누웠다. 아마 아들이 읍내에 갔다가 양곡을 빌려 오지 못한 듯했다.

4월 4일, 맑았다.

새벽에 출발해 곡산 거물원 주막에서 아침을 먹고, 한나절 즈음에 곡산 흑암黑巖 마을 어떤 집에서 말먹이를 주었다. 어떤 노인이 마루 위에 앉아 그와 비슷하게 보이는 부류들과 장기를 두고 있다가 길손이 오는 것을 보고는 모두 뿔뿔이 흩어져 버렸다.

마루에 올라앉으며 주인에게 말했다.

"그렇게 장기를 두고 있다가 나그네가 온다 해서 갑가지 걷어치우는 것은 무슨 이유입니까?"

그와 더불어 이야기를 나누며 많은 일들에 대해 들었다. 저녁때 곡산 읍내에서 동쪽으로 5, 6리쯤 되는 최평리崔坪里라는 마을에 이르러 하룻밤 묵어가려 했다. 우리가 투숙한 집의 주인이 객실에 들어오는 것을 허락했다. 저녁밥을 먹고 난 후에 주인을 불러다 앉히고선 이것저것 물어보았더니, 몇 마디 답변을 하고선 볼일이 있다며 밖으로 나가 끝내 돌아오지 않았다. 혹 자신이 의심받을까 걱정되어 그렇게 한 듯하다.

여독 때문에 피곤해 잠자리에 들었다. 얼마 뒤에 깨어났는데, 온몸이 가

조선 말기의 풍속화가 김준근金俊根(?~?)의 풍속화 중 장기 두는 사람

려워 고통을 견딜 수가 없었다. 다시 잠자리에 들었지만 끝내 잠들지 못했다. 새벽닭 울음소리를 듣고 일어나 촛불을 밝히고 살펴보니 갈충蝎蟲[71]이 이불 속과 옷 안에 가득 붙어 있었다. 도저히 다 털어 낼 수 없어 그냥 옷을 입었다.

71 가래나무의 잎을 먹는 벌레.

4월 5일, 맑았다.

새벽에 출발해 곡산 돌거문乭去文이라는 마을에 도착했다. 마을 사람 모두 밭과 들로 나간 듯했다. 어떤 집에 들어가 보니, 그 집 사내와 아낙도 들로 나가려던 참이었다. 그들을 붙잡고 하룻밤 묵게 해달하고 간청했다.

"먼 곳에서 온 나그네입니다. 마침 이 마을에 도착해 보니, 마을 집들이 모두 비어 있어서 아침도 얻어먹지 못할 형편입니다. 주인께서 잠시 우리를 위해 밥이나 지어 주고 나가시길 바랍니다."

내 말에 주인이 선뜻 응낙하고 우리를 방으로 들였다. 잠시 후 밥상을 내왔는데 산나물, 들나물이 푸짐하게 차려져 있었다. 이렇듯 산골 인심이 소박하고 정성스러우며 후한데, 신계·곡산·수안遂安 등 세 고을 인심은 어찌 그리 인색한지 모르겠다. 해안가나 야촌野村의 인심도 그보다는 모두 나을 것이다.

어젯밤 옷에 붙어 있던 갈충이 아직도 옷자락에 남아 있어 옷을 벗고 이불을 두르고 앉아 모조리 털어 냈다. 오후에 거물원으로 돌아와 보니 원사院舍가 몽땅 불에 타 잿더미가 되어 있었다. 깜짝 놀라 그 까닭을 물어보니 마을 사람이 답변해 주었다.

"어젯밤 집주인이 밥을 주지 않자 앙심을 품은 걸인들이 몰래 불을 질렀습니다. 그래서 몽땅 타 버렸습니다."

그날은 때마침 원사 앞에 장이 서서 사람이 많이 모여 있었다. 이곳에 머물러 있다가는 신분이 노출될까 염려되어 말을 타고 신계 동쪽으로 달아나듯 빠져나왔다. 고도산高道山이라는 마을에 다다라 말먹이를 주고 어둠을 틈타 신계 읍내로 들어가 하룻밤 묵었다.

4월 6일, 맑았다.

새벽에 신계 객사客舍로 들이닥쳤다. 우리 일행이 왔다는 말에 아전들은 안절부절 못 했고 황급히 동헌東軒[72]에 나선 현령縣令의 얼굴빛은 창백했다. 지금까지 이곳저곳을 다니면서 탐문해 본 결과, 신계 현령 심능沈棱은 백성들에게 심하게 비방을 당하고 있었다. 그 진실 여부를 확실히 알기 위해 각종 관아 문서를 모조리 가져오게 했다. 문서들을 일일이 점검해 보았더니 불법을 자행한 사실을 알 수 있는 문서 몇 장이 발견되었다. 이 때문에 어쩔 수 없이 봉고封庫[73]하고 그 현령의 인신印信과 병부兵符를 거두어 관례에 따라 겸관兼官[74]에게 송부했다.

이렇게 하고 나서 본 현縣에서 하룻밤 묵었는데, 여정旅程 중에 먹을 양식이 다 떨어져 약간의 쌀과 콩을 본 현에서 충당토록 했다. 이 또한 전부터 내려오던 관례다.

4월 7일, 맑았다.

새벽에 출발해 신계 정봉리貞峯里에 이르러 아침을 먹고, 한나절쯤에 곡

---

72 목牧과 도호부都護部, 군·현 등 각종 행정 단위에는 중앙에서 파견된 감사·병사·수사 및 수령 들이 공무를 처리하던 청사廳舍를 세웠는데, 이를 일반적으로 동헌이라 한다. 동헌은 외外동헌과 내內동헌으로 나뉘는데, 외동헌은 사무처로 흔히 이를 동헌이라 불렀고 내동헌은 수령이 기거하던 살림집으로 내아內衙라고 불렀다.

73 어사御史나 감사監司가 부정을 저지른 각 고을의 벼슬아치, 즉 부윤·목사·부사·현감·현령 등을 파면하고 관가의 창고를 봉해 잠그던 일.

74 본래의 관직을 가지고 겸임하게 한 관직. 겸함兼銜이라고도 한다.

병부

병부는 군대를 동원할 때, 군사를 일으키는 일을 신중하고 확실하게 하기 위해 왕과 지방관 사이에 미리 나눠 갖던 신표信標로 발병부發兵符의 준말이다. 일반적으로 나무패의 한 면에는 발병이란 두 글자를 썼다. 그리고 다른 한 면에는 관찰사·절도사·제진諸鎭인 경우에는 그 지명을 썼다. 국립민속박물관 소장

조선시대 철제 관인

도장圖章이나 관인官印 등을 일컬어 인신이라 한다. 나무·돌·쇠붙이에 글자를 새겨 신빙할 증거로 삼는 것인데, 임금이 쓰는 것을 새璽, 관리는 인印, 평민은 사인私印이라 했다. 부산시립박물관 소장

산 길가 소나무 있는 곳에 도착했다. 소나무 아래서 말을 쉬게 했다. 그러고 나서 어둠을 틈타 곡산 읍내로 들어가 동촌東村에서 하룻밤 묵었다.

이처럼 은밀히 동촌에 잠입한 것은 곡산 부사府使 최박崔樸 역시 백성들의 원망이 심해서 그 진실 여부를 알아보기 위해서였다. 새벽에 관아에 들어가 문서들을 찾아서 조사해 볼 것이다.

4월 8일, 맑았다.

새벽에 곡산 관아의 객사로 들이닥쳐 각종 문서를 뒤져 보았다. 하지만 백성들의 높은 원성에 비해서는 특별히 커다란 하자(瑕疵)를 포착해 낼 수 없었다. 내일 문성진文城鎭으로 가야 하기 때문에 객사에서 그대로 하룻밤

묵기로 했다. 오후에 관아의 예방禮房[75]에게 분부해 공장公狀[76]을 올리도록 했다. 곡산 부사 최박이 찾아와 뵙고 갔다.

4월 9일, 맑았다.

이른 아침 식사를 한 후에 문성진으로 갔더니 첨사僉使[77] 정달도丁達道가 융복戎服을 갖춰 입고 공장을 바치고선 찾아와 뵈었다. 진휼賑恤[78] 관련 문서를 검토한 후에 바로 곡산 관아의 객사로 되돌아와 하룻밤 묵었다. 부사 최박이 또 찾아와 뵈었다.

주립朱笠
융복은 무관이 입던 옷의 하나인 철릭과 붉은 갓인 주립으로 된 군복이다. 한국미술박물관 소장

4월 10일, 맑았다.

새벽에 출발해 곡산 남쪽 오리천梧里川에 이르러 아침을 먹고, 다시 길을 떠나 광산진光山鎭에 도착했다. 이곳에서 말먹이를 주고 그 진영鎭營으로 들어가 진휼 관계 문서를 살펴보았다. 얼마 뒤에 만호萬戶[79] 유상만柳尙萬이

---

75 각 지방 관아에 딸린 육방六房의 하나인 예방에 속해 예전禮典에 관한 사무를 맡아보던 구실아치.
76 수령이나 찰방察訪이 감사나 병사·수사 등을 공식적으로 만날 때, 관직명을 적어서 내던 편지.
77 절도사의 관할에 딸린 진鎭의 한 군직軍職으로 종4품 벼슬. 부사·목사·군수가 겸직했다.
78 흉년에 가난하고 군색한 백성을 불쌍히 여겨 도와주던 일.
79 각 도의 여러 진鎭에 배치된 종4품의 무관 벼슬.

융복을 갖춰 입고 공장을 올리고선 와서 뵈었다.

저녁때쯤 수안 남쪽 고지암古枝岩이란 마을에 당도했다. 시냇물이 마을을 감싸 돌아 흐르고, 그윽한 연못과 험준한 기암괴석이 볼 만했다. 고색창연古色蒼然한 마을이었는데, 때마침 봄여름이 교차하는 시기라서 온갖 꽃과 초목이 서로 얽혀들 정도로 무성했으니 그 또한 골짜기 안의 승지勝地(경치가 좋은 곳)라 이를 만했다. 어떤 집에 들어서니 주인이 처음엔 거절하다 문득 태도를 바꿔 허락했다.

"좀 괜찮은 방에서는 누에를 치고 있어서 지금은 누추한 방 하나밖에 없습니다. 지체 높으신 손님께서 주무시기에 마땅찮을까 염려됩니다."

"저는 지체 높은 사람이 아니라 타향을 떠도는 나그네입니다. 방을 빌려 주어 잘 수 있게 해 주신 것만으로도 분수에 족합니다. 어찌 누추한지, 청결한지 따지겠습니까?"

저녁 식사 후에 주인과 이야기를 나누고 있는데 마을 사람이 밖에서 들어오면서 주인에게 말했다.

"어제 관가官家에서 보낸 관패자官牌字(관보를 알리는 글)를 못 보셨소? 관패자의 내용인즉 오늘내일 어사의 행차가 이곳에 이를 것이니 큰 쏘가리를 속히 잡아들이라는 것이오. 쏘가리를 이미 잡아 관아에 들여보냈는지도 모르겠소."

"글쎄 잘은 모르겠지만 그런 일이라면 유사有司(담당 관리)에게 물어보면 잘 알 게 아니겠나?"

마을 사람이 간 뒤 주인에게 물었다.

"이런 산골 마을에서 어떻게 물고기를 잡을 수 있다는 겁니까?"

"손님께서 이곳으로 오실 때 마을 앞의 시내를 필시 지났을 것입니다.

고창무장객사高敞茂長客舍

객사란 고려와 조선시대 각 고을에 설치한 관사館舍. 객관이라고도 했는데, 지방을 여행하는 관리나 사신의 숙소로 사용되었다. 객사의 구조는 궐패를 모셔 두고 현의 수령이 매달 초하루와 보름에 배례하는 정청과 왕명으로 지방에 내려오는 벼슬아치들의 숙소로 쓰이는 좌·우현으로 구성된다. 전라북도 고창군 무장면 소재

예전에는 시냇물이 자못 깊어서 고기잡이가 그리 어렵지 않았습니다. 그런데 근래에는 가뭄이 너무 심해져 시냇물이 거의 다 말라 버릴 지경이라 고기를 잡을 수 없게 되었습니다. 한 마을이 점점 피폐해져 거의 절박한 상황에 이르렀는데 어떻게 고기를 잡아오라는 것인지 답답하기 짝이 없습니다."

"만약 그러한 공역貢役[80]을 없앤다면 마을 사람들이 혹 다행스럽게 생각하겠습니까?"

---

80 역役은 국가의 필요에 따라 백성의 노동력을 대가 없이 정기적 혹은 부정기적으로 징발하던 세稅의 한 항목이다. 역은 공역과 일반 역으로 나눌 수 있는데, 공역은 공납품의 제작과 채취·이송 등에 필요한 노동력의 수취收取로 역 중에서도 가장 큰 부담이었다.

"그런 다행스러움을 어찌 다 말로 표현할 수 있겠습니까?"

본 군郡 관아에 들어가 그 일을 담당하는 아전에게 분부해 공역을 즉시 그만두게 했다.

4월 11일, 맑았다.

새벽에 출발했다. 이른 아침에 수안군 객사로 들어가서 진휼 관련 문서를 모두 가져오라 해 일일이 살펴보았다. 얼마 후에 군수 이만엽李萬葉이 공장을 올리고 찾아뵈었다. 날이 이미 어두워 그대로 이곳에 머물러 하룻밤 묵었다.

4월 12일, 맑았다.

새벽에 일어나 편지를 써서 한양 본가에 보냈다. 더불어 당초 끌고 온 역마 네 필과 역졸 네 명도 돌려보냈다. 대신 수안에 소속된 역원에서 인마人馬를 차출하도록 이르니, 역졸 이상二相·선이善伊·억만億萬·귀선貴先 등 넷이 말을 가지고 아침 일찍 와서 대기하고 있었다. 바로 출발해 수안 남쪽 관념곡關念谷에 이르러 아침을 먹고 이어서 산골짜기 사이로 뚫린 길을 따라 대소자락령大小自樂嶺을 넘었다. 산세가 가파르고 자갈길이 험해 말을 타고 갈 수 없었다. 하는 수 없이 걸어서 간간히 관애關隘[81]와 고개를 넘고 한나절쯤 서흥군 동쪽 남한南漢이라는 마을에 이르러 어떤 집에 들어가 말먹이를 주었다.

주인이 처음엔 우리 행색을 자못 의심해 접대하려 하지 않았다. 뒤늦게야 자기도 양반이라며 나와서 우리 일행을 맞이하면서 말했다.

"이 길은 대로大路는 아니지만 수안과 서흥 사람들이 나무 베고 풀 베는 일을 할 적에 왕래하는 길입니다. 산길이 아주 험해 지나다니는 사람이 적습니다. 어째서 이 험한 고개를 넘어 이처럼 깊은 산골에 오셨습니까?"

"나는 먼 지방에서 온 길손으로 얼마 전 관서 지방에 갔다가 이제 성천 등의 지역을 거쳐 곡산으로 나왔습니다. 그랬다가 수안에 잘 아는 사람이 있어 그를 만나보고 서흥으로 가려 했습니다. 수안 사람들에게 길을 물어보니, 모두 이 길을 알려 주면서 길이 비록 험하지만 지름길이라 했습니다. 그래서 이 길로 들어선 것뿐입니다."

"소문에 암행어사가 한양에서 내려와서 신계와 곡산 등의 지역에 출몰했다 하는데, 혹 그런 이야기를 들은 적이 있습니까? 혹시 마주치지 않으셨습니까?"

"나도 그런 소문을 듣기는 했어도 평소에 어사가 어떻게 생겼는지 보지 못했습니다. 그러니 비록 길거리에서 만났다 하더라도 어떻게 그를 알아볼 수 있겠습니까? 다만 수안을 지나갈 때 자세히 들은 바로는, 어사가 이미 곡산을 지나 토산兎山과 금천金川을 거쳐 한양으로 돌아갔다고 합니다."

"저도 이와 비슷한 이상한 이야기를 들었습니다. 그렇다면 어사가 한양으로 돌아갔다는 말을 과연 믿어야겠습니다."

저녁때 서흥 남쪽 고방치高方峙라는 마을에 당도해 하룻밤 묵었다.

---

81 요로要路로 통하는 좁은 길.

4월 13일, 맑았다.

새벽에 길을 떠나 평산 서쪽 길가의 한 집에 이르러 아침을 먹었다. 점심때쯤 평산 서쪽 승천둔升川屯이란 마을에 도착해 어떤 집에 들어가 말먹이를 주고 있는데, 주인이 물었다.

"손님들은 무슨 일로 행차하셨으며 어디로 가십니까?"

"흉년을 당해 밥이나 얻어먹을까 해 관서 지방으로 가는 길입니다."

"행차가 이 정도시면 필시 양반네 같으신데 어찌 한양에 있으면서 벼슬해 지방 수령이라도 하지 않으셨습니까?"

"비록 양반이긴 하지만 글도 못 하고 무예도 없으며 형편도 좋지 못한데, 어찌 벼슬할 수 있었겠소?"

"수령은 하지 못한다 하더라도 이곳 둔별장屯別將[82]쯤이야 할 수 있지 않겠습니까? 아마 감사에게 청탁할 수 있는 형편이라면 충분히 수령이 되어 내려올 수 있었을 텐데, 어찌 이를 시도해 보지 않으셨습니까?"

"이곳 둔별장의 1년 소득이 얼마나 되길래 그런 말을 하시오."

"만일 묘리妙理를 터득해 일처리를 잘만 한다면 곡물 100여 섬은 물론이거니와 그 밖에도 구피狗皮(개의 가죽)·참깨·들깨 따위의 물품도 얼마든지 얻어 쓸 수 있는 길이 있습니다. 그러니 어찌 괜찮은 벼슬이 아니겠습니까?"

"그렇다면 내 마땅히 손을 써서 이 일을 한번 도모해 보겠소."

---

82 각 지방의 둔전병屯田兵(평시에는 토지를 경작해 식량을 자급하고 전시에는 전투원으로 동원되는 병사)을 통솔하던 무관직.

"과연 그렇게 되어 오신다면 모름지기 소인에게는 고지기(庫直, 창고지기)를 시켜 주셔야 합니다."

"고지기를 하면 얻어먹는 것이 얼마나 되지요?"

"글쎄요. 적어도 열 섬의 곡식은 얻어먹을 수 있을 것입니다."

그를 보고 웃으면서 말했다.

"내가 벼슬을 얻어 이곳에 오면 마땅히 약속대로 하겠지만, 만일 이곳에 오지 못한다면 그땐 어떻게 하겠소?"

"사과司果가 되어 오신다면 필시 거짓말은 하지 않으신 것입니다. 이렇든 저렇든 벼슬을 얻어 이곳으로 내려오신다면 좋겠습니다. 아주 힘껏 이 일을 도모하시기 바랍니다."

늦게서야 길을 떠나 백천 서쪽 금산촌金山村이란 마을에 도착해 어떤 집에서 하룻밤 묵었다. 주인과 이야기를 주고받으면서 여러 소문을 들었다.

4월 14일, 맑았다.

새벽에 출발해 백천 아래 금산 화산발리산花山鉢里山이란 마을에 도착해 한 집에 들어가서 아침을 먹고 주인과 이야기를 나누면서 많을 일들에 대해 들었다.

새벽부터 안개가 짙더니 한나절쯤 되어서야 비로소 걷혔다. 서리 김성익과는 도중에 안개 때문에 헤어지게 되었다. 10여 리를 더 갔지만 끝내 그가 어디로 갔는지 종적을 알 수가 없었다. 종 녀석을 시켜 우리가 묵은 마을로 되돌려 보내 김성익의 행방을 알아 오게 했다. 그러고선 말에서 내려 길가 언덕 위에 앉았는데, 노승 한 분이 지나가다 나를 보고 앞으로 다가와 절을 했다.

"스님께서는 어느 절에 계시며 지금 어디로 가시는 길입니까?"

"소승小僧은 해주 수양산首陽山의 암자에 있는데, 지금 양식을 얻어 보려고 백천과 연안 등의 지역으로 가고 있는 중입니다."

"아니 그 절에는 상좌上佐[83]도 없습니까? 연로하신 스님께서 어떻게 직접 걸식할 수 있습니까?"

"상좌승이 서넛 있었습니다만 먹을 것이 없어 모두 뿔뿔이 흩어졌습니다. 이 때문에 어쩔 수 없이 직접 걸식을 나선 것입니다."

웃으며 농담 삼아 말했다.

"덕이 높으신 스님은 낟알을 먹지 않고도 살아간다는 말을 들은 적이 있는데 스님께서는 그렇게 하실 수 없는 것입니까?"

"소승처럼 용렬한 위인이 어떻게 벽곡辟穀[84]을 하겠습니까? 더구나 배가 고프면 밥을 먹고 목마르면 물을 마시며 더우면 갈포葛布(칡으로 짠 베옷)를 입고 추우면 갖옷(짐승의 털가죽으로 만든 옷)을 입는 것이 인지상정人之常情인데, 어찌 유가儒家와 불가佛家가 다르겠습니까? 복기법服氣法[85]을 수련할 경우에는 화식火食을 하지 않는다고 하는데, 이는 도가道家의 허황하고 망년된 언설言說입니다. 어떻게 믿을 수 있겠습니까?"

그의 말을 들어보니 결코 평범한 중은 아닌 듯했다. 그래서 불가의 허무

---

83 출가한 지 얼마 되지 않은 수습 기간 중의 예비 승려.

84 곡식은 먹지 않고 솔잎이나 대추, 밤 따위를 조금씩 날로 먹고 사는 것을 말함.

85 기를 몸으로 유입하는 일종의 호흡법. 옛날 도가에서는 복기법을 통해 해와 달의 정기를 흡입할 수 있다고 믿었다. 낮에는 왼쪽 눈을 감고 오른손에 햇빛을 받아 양기를 먹고, 밤에는 오른쪽 눈을 감고 왼손으로 달빛을 받아 음기를 먹었다고 한다.

적멸설虛無寂滅說[86]에 대해 물어보았더니 고개를 숙여 합장하고 나서 답해 주었다.

"소승이 어떻게 허무적멸의 깊은 뜻을 알겠습니까? 다만 중생을 널리 구제하는 것은 천天·지地·인人 삼계三界의 커다란 일인데, 인간세계에서는 대인大人과 군자君子가 반드시 이 일을 하신다고 합니다. 생원님께서 그것을 위해 노력해 소승과 같은 무리도 그 혜택을 받게 해 주신다면 천만 번 감사하겠습니다."

노승은 이렇게 말하고 나서, 오늘 장터에서 아주 중요한 일이 있는데 시간이 조금 늦었으니 급히 가 보겠다면서 서둘러 떠났다.

얼마 뒤에 김성익이 도착했다. 드디어 함께 출발해 백천 서쪽 우현牛峴에 이르러 말먹이를 주었다. 저녁때 백천 읍내 남쪽 구암리龜岩里에 이르러 하룻밤 묵었다.

4월 15일, 비가 내렸다.

새벽에 백천 관아의 객사에 들어섰다. 군수 이동형李東亨에 대해 백성들의 원성이 자자하다는 소문을 들었으므로 모든 문서를 꺼내 오게 해 자세히 조사했다. 불법을 저지른 사실이 발견되어 인신과 병부를 거두어 겸관에게 보내고 봉고했다. 그리고 저녁 무렵에 연안으로 향했다. 이곳에 와서는 외동헌에 들어갔다.

---

86 유무상대有無相對의 세계와 생사生死를 초월한 경지를 이르는 말.

4월 16일, 맑았다.

문서를 수정할 일이 있어 그대로 이곳에 머물렀다. 연안 부사 이관주李觀周가 공장을 올리고 나를 찾아와서 뵈었다.

4월 17일, 맑았다.

새벽에 출발했다. 서리 김성익이 감기가 들었는데 억지로 일으켜 길을 떠났다. 15리 남짓 나아가서 연안 서쪽 검미대黔未臺라는 마을에 도착했고, 한 집에 들어가 아침을 먹었다. 참소음參蘇飮[87] 한 첩을 달여 김성익에게 먹이고 땀을 흘리게 했더니 감기 기운이 조금 나은 것 같다고 했다. 우리는 다시 출발해 마탄麻灘을 건너 해주 동쪽 청단역원靑丹驛院 앞마을에 이르렀다. 이곳에서 말에게 먹이를 주고 해변가를 따라 용매진龍媒鎭으로 향했다.

저녁때쯤 해주 동병창東屛倉이란 마을에 도착했다. 이 마을은 염전鹽田을 경영해 소금을 생산해 내는데, 멀리서 바라보니 민가가 즐비한 가운데 기와집이 연이어 있는 모습이 부촌 같아 보였다. 마음속으로 이런 곳이라면 괜찮은 집을 구해 하룻밤 묵을 수 있다고 생각했다. 하지만 막상 마을에 이르러 보니 예상과는 달리 너무 심하다 싶을 정도로 길손을 거절했다. 마을 사람 대부분이 매몰차게 대문을 닫아걸고 전혀 응대하지 않으려 했다.

---

87 차조기를 말함. 차조기는 토종 약초 가운데 하나로, 혈액순환을 좋게 하고 땀을 잘 나게 하며 기침을 멈추게 하고 몸을 따뜻하게 하는 등의 효능이 있어 특히 감기가 들었을 때 유용하게 쓰인다.

이 때문에 우리는 마을 곳곳에서 낭패를 당해 하룻밤도 묵을 수 없게 되었다. 용매진으로 가자니 방금 밀물이 들어 바닷물이 불어나 나루를 건널 수 없고, 왔던 길을 돌아가자니 날은 이미 어두웠다. 앞마을도 오히려 멀리 있어 길 위에서 대책 없이 서성거리고 있었다. 마침 어느 한 집의 문이 약간 열려 있는 것을 보고선 막무가내로 그 집으로 들어갔다. 그 집에는 여자 두셋만 있었는데, 역시 심하게 내쳤다. 이 집에 더 있다간 여자들에게 욕설을 듣게 될까봐 어쩔 수 없이 물러 나와 언덕을 넘었다.

언덕을 넘자 길가에 초가 한 채가 눈에 띄었다. 우리 일행이 들어서자 이 집 주인 또한 완강하게 거절했다. 주인에게 말했다.

"먼 곳에서 온 길손이 이처럼 큰 마을에 와서 끝내 머물러 쉬지 못하고 떠나간다면, 어찌 이 마을의 수치가 아니겠습니까?"

"얼마나 성대한 마을인데 어찌 손님을 받아들일 집이 한 곳도 없겠습니까? 다만 제 경우는 여든 되신 늙은 아버님의 병환이 위중해 흔쾌히 허락하지 못한 것입니다."

"우리 일행은 오후에 이 마을에 들어왔는데, 거의 모든 집에서 길손을 받을 수 없는 이유가 있다고 핑계를 대니 어찌할 수 없었습니다. 오늘은 이미 날도 어두워졌으니, 주인께서 비록 두드려 내쫓아 우리 일행이 필시 욕을 당하더라도 결코 다른 곳으로 갈 수 없습니다. 공청이라도 빌려서 하룻밤 묵기를 간절히 청합니다."

주인이 내 말을 듣고 한참 동안 아무 말 없이 서 있다가 입을 열었다.

"그렇다면 사정이 딱하게 되었습니다. 제가 비록 길손을 받지 못할 사정이 있더라도 어찌 끝내 길손이 우리 집에 머무는 것을 허락하지 않겠습니까?"

그가 방으로 우리를 안내했다. 잠시 후 저녁밥을 지어 내왔는데, 그 대접이 자못 후했다. 자신의 이름은 이호남李好男이라고 스스로 말했다. 용매龍媒 만호가 진영鎭營에 있는지 물었다. 3월에 겨우 부임했는데, 지금은 해주에 가고 없다고 했다.

4월 18일, 맑았다.

새벽에 일어나 길을 떠나려 하는데 하늘이 비를 머금은 듯 꾸물거렸다. 부득이 이른 아침을 먹고 출발하려는데, 주인 이호남이 삶은 닭을 내왔다. 태도가 어제와는 달리 은근해 기색을 살펴보았더니, 우리 일행이 예사롭지 않음을 안 눈치다. 닭을 사양하고 드디어 출발해 팔악포八惡浦를 건너 해주 동쪽 등지촌登旨村에 이르렀다. 잠시 쉬며 말에게 먹이를 주었다.

날이 저물어서야 해주 객사에 들어갔다. 용매 만호 정영한鄭榮漢과 청단靑丹 찰방 오정석吳挺奭과 해주 목사 이야李壄 등이 공장을 들여와 차례로 만나 뵈었다. 감사 이징명李徵明[88]도 찾아와서 뵈었다. 이징명에게 목사 이야를 불러 오도록 해 그들과 함께 이야기를 나누었다.

"우리 셋은 나이도 같고 등과登科(과거에 등제함)도 같이 한 처지로 이렇게 해주에서 해후했으니 실로 인간 세상의 이런 기이한 인연도 없을 것입니

88 1648~1699. 본관은 전의全義, 자는 백상伯祥. 1684년 정시 문과에 병과로 급제했다. 예조·병조의 좌랑을 거쳐 삼사에 들어가 정언·부수찬·지평 등을 지냈다. 1689년 기사환국으로 유배되었다가 1694년 갑술옥사 이후 귀양에서 풀려 돌아왔다. 이후 수찬·이조정랑·응교·집의·부승지·이조참의·대사간 등을 지내고, 1695년 황해도 관찰사로 부임하여 흉년으로 고통당하던 백성들에게 선정을 베풀었다.

다. 하지만 올해는 흉년인 데다 왕사王事[89]도 바빠서 단란하게 술 한 잔 나눌 시간이 없으니 참으로 한스럽습니다." [나와 이징명·이야는 모두 무자생戊子生으로 계축년 사마시司馬試[90]에 함께 합격했기 때문에 이렇게 말한 것이다.]

4월 19일, 맑았다.

해주 객사에 그대로 머물렀다. 문서를 살펴볼 일이 있어 길을 떠나지 못했다. 날이 어두워진 뒤에 해주 목사를 방문했다.

4월 20일, 맑았다.

새벽에 길을 떠나 해주 서쪽 황곶黃串이란 마을에 도착해 한 집에서 아침을 먹었다. 장차 강령으로 가기 위해 나루를 건너려는데 밀물이 한창 들어오고 있었다. 하는 수 없어 우현을 넘어 한참을 가니 한나절쯤에 강령 북쪽 빈장리賓長里에 이르렀다. 말에게 먹이를 주고 있는데, 우리가 묵고 있는 집의 주인이 마을 사람들과 이야기를 하고 있었다.

"듣자하니 암행어사가 오늘내일 사이에 객사에 당도한다고 하기에 어제 원두한圓頭汗[91]이 와서 채소를 구해 갔는데, 그게 다 어사를 대접하기 위

89 임금이 내린 암행하라는 명을 말한다.
90 소과小科라고도 한다. 생원과 진사를 뽑는 과거로, 초시와 복시가 있었다.
91 밭에 채소를 심어 가꾸는 사람을 일컫는 말.

해서라 합니다."

그들은 우리 일행이 어사의 행차인 줄 아직 모르는 듯했다. 그중에 두 사람의 얼굴이 푸석하게 부어 있었는데, 내가 주인에게, 저 두 사람은 얼굴이 왜 부어 있느냐고 물었다.

"밥을 먹지 못한 지 이미 여러 날이 되어 얼굴이 부은 것입니다."

"그렇다면 기민飢民(굶주린 백성)으로서 구호 대상자 명단에 들어 있지 않단 말입니까?"

"아닙니다. 명단에는 들어가 있지만 관가에서 내어 주는 것 이외에는 달리 아무것도 얻어먹을 수가 없습니다. 그러니 어떻게 이 꼴이 되는 것을 벗어날 수 있겠습니까?"

이후 그 사람의 이름을 기억해 두었다가 관아에 들어가던 날 그를 불러 약간의 양식을 지급했다. 두 사람은 나를 보고 놀라고 당황스러워 했지만 거듭 감사 인사를 했다.

저녁에 강령 동쪽 고유소固有所라는 마을에 도착해 하룻밤 묵었다.

4월 21일, 맑았다.

새벽에 강령 객사에 들어가서 문서를 가져오게 해 살펴보았다. 이후에 현감 김세형金世衡이 공장을 올리고 찾아와 뵈었다.

오후에 포구를 건너 등산곶登山串으로 들어갔다. 산골짜기를 굽이굽이 돌아 해항海港을 건너 거의 80리쯤 가니 비로소 만호가 있는 진鎭에 이르렀다.

강령탈춤 사자
강령탈춤은 봉산탈춤과 함께 황해도의 유명한 탈놀이이다. 내륙의 평야지대를 대표하는 봉산탈춤과 해주, 옹진, 강령 등 해안 지대를 대표하는 강령탈춤이 황해도의 대표적인 탈춤이다. 강령탈춤은 봉산탈춤과 달리 등장인물 가운데 마부, 말뚝이가 각 두 명씩이고 사자도 두 마리 등장한다. 하회동탈박물관 소장

마을 앞으로는 망망대해가 하늘과 맞닿아 끝이 없고, 이를 좇는 눈길은 아득하기만 한데, 술렁대다 솟구치는 파도는 바위를 부셔 장관을 이루었다. 하지만 마을은 초라하고 쓸쓸해 보였다. 산천의 경치는 맑고 아름다운데 사람 사는 마을은 왜 이리 피폐해졌단 말인가! 관사官舍 또한 심하게 낡고 허름하니 혹 유사시에 어떻게 대응할 것인가. 국가를 방비하는 진영이 이처럼 허술하니 참으로 개탄스러웠다.

날이 저문 후에야 동헌에 들어가 쉬었다.

4월 22일, 맑았다.

아침 일찍 일어나 관련 문서를 검토하고 나니 만호 황상윤黃尙潤이 공장을 올리고 찾아와 뵈었다. 아침을 먹고 출발해 점심때쯤 강령 두모포豆毛浦

에 도착해 한 집에서 쉬면서 말먹이를 주었다. 저녁 때 강령 객사로 돌아오니 현감 김세형이 찾아와 뵈었다.

4월 23일, 맑았다.

새벽에 출발했는데, 길이 바닷가로 나 있어 그 길로 들어섰다가 그만 길을 잃어 항구로 들어갔다. 진흙 벌에 빠져 움직일 수 없었는데 날이 훤히 밝자 어떤 사람이 언덕 위에 서서 다급하게 소리쳤다.

"여보시오! 빨리 동쪽으로 나오시오. 만약 서남쪽으로 조금만 더 가면 갯벌에 빠져 꼼짝 못 하게 될 것이오. 조금 있으면 밀물이 들이닥쳐 필시 죽고 말 거요."

그의 말대로 동쪽으로 방향을 돌리자 건너편 언덕으로 쉽게 오를 수 있었다. 진흙을 털어 내고 숨을 고른 뒤에 육로를 따라 다시 길을 떠났다. 오후가 되어서야 옹진현甕津縣 객사에 도착했다.

현령 박준번朴俊蕃이 공장을 올리고 찾아와 뵈었다. 그는 본 현縣의 여러 폐단을 거론하며 호소했다.

"세심하게 살펴보기 가장 어려운 곳이 바로 이 옹진현입니다. 뱃길에 익숙한 사람을 창린昌麟과 비압飛鴨 두 섬에 보내 황당선黃唐船[92] 이 있는지 없는지를 정찰해 소강所江 첨사에게 보고하게 하고 있습니다."

"황당선이 혹 침범하는 때가 있습니까?"

---

92 본국의 허가 없이 바다에 왕래하는 다른 나라 선박.

그러자 통인通引[93]이 앞에 엎드려 있다가 말했다.

"황당선은 무시로 나타납니다. 이 두 섬에는 고기가 잘 잡혀 중국 사람들이 늘상 와서 정박하는 곳입니다. 재작년에도 소인의 고을 사람이 정찰하려고 그곳에 갔다가 황당선을 발견하고 쫓아 버린 적이 있습니다. 그때 그들은 당혜唐鞋(중국 신발) 서너 켤레와 몇몇 물건을 버리고 도망쳤습니다. 그중에 차조기대를 엮어 만든 소쿠리가 자못 절묘했다고 합니다. 대개 이 두 섬은 비록 우리나라 영토이기는 하나 넓은 바다 가운데 있어 타국의 배들이 늘 침범합니다."

오후에 출발해 해주 서쪽 염불촌念佛村에 이르러 하룻밤 묵었다.

4월 24일, 흐리다 저녁 때 큰 비가 내렸다.

새벽에 길을 떠나 해주 서쪽 억건이億健伊라는 마을에 도착해 한 집에서 아침을 먹었다. 이후 금동원金洞院을 지나 산골짜기 샛길로 몇십 리를 가서 오후에 장연부長淵府 객사에 도착해 머물렀다.

저녁 때 큰비가 한바탕 쏟아졌다. 부사 임원성任元聖이 공장을 올리고 찾아와 뵈었다. 그와 일찍이 안면이 있었다. 그와 더불어 이런저런 이야기를 했는데, 문득 임원성이 말했다.

"근래 이곳은 거의 보름 동안 비가 오지 않아서 들판이 온통 메마른 것이 자못 여름 가뭄이 든 듯했습니다. 그런데 오늘 이처럼 어사께서 오시자

---

93 관아의 관장 앞에 딸려 잔심부름을 하는 이속吏屬.

때마침 큰비가 내렸으니 이 비를 어사우御史雨라고 부르는 것이 어떻겠습니까?"

"내가 어사이기는 하지만 어떻게 비가 나 때문에 왔다고 할 수 있겠습니까?"

우리 둘은 서로 마주보고 크게 웃었다.

4월 25일, 맑았다.

새벽에 출발했다. 길이 깊은 산골짜기 사이로 나 있었다. 송화松禾 마산방馬山坊 조치鳥峙라는 마을에서 아침을 먹고, 오후에 송화현 객사에 들어가서 관련 문서를 가져오게 해 조사해 보았다. 현감 김해金瀣가 불법을 많이 저질러 백성들이 원망하고 비방한다는 소문이 지어낸 말이 아니었다. 그래서 인신과 병부를 거두어 겸관에게 보내고 봉고했다. 일을 처리하고 나자 이미 날이 저물었다.

풍천으로 가고자 해 사인암舍人岩[94]을 지나가는데 날이 저물고 안개가 자욱했다. 말을 급히 몰아 달렸지만 풍천 관아까지 10여 리를 남겨 둔 시점에서 사방이 깜깜해지고 안개가 시야를 가려 지척을 분간할 수 없었다. 간신히 한 줄기 길을 찾아 가까스로 앞으로 나아가서 풍천 성문城門에 다다랐다.

우리 일행이 도착한 때는 거의 이경이 되어서였다. 곧장 객사로 들어서

---

94 《신증동국여지승람》 권43에 의하면, 풍천도호부豊川都護府의 동쪽으로 20리 지점에 있다고 한다. 일반적으로 충청도 단양군과 황해도 봉산군에 있는 '사인암'이 유명한데, 풍천도호부에 있는 바위의 형상도 단양과 봉산에 있는 사인암의 형상과 흡사하여 이렇게 이름 지은 듯하다.

단양8경으로 꼽히는 충북 단양 사인암

서 하인을 불렀으나, 어사가 왔다는 말을 듣고선 새가 놀라고 쥐새끼가 숨듯 몸을 숨겨 한 놈도 보이지 않았다. 해무海霧를 무릅쓰고 달려왔더니 의관이 다 젖어 버렸다. 오후에 음식 조금으로 시장기를 달랬는데, 40여 리를 말 타고 달려왔더니 몹시 배고프고 피곤했다. 괘씸한 생각이 들어 역졸을 보내 아전 하나를 잡아 오게 했다. 그제야 통인과 사령使令[95]과 아전 들이 하나둘씩 나와 인사를 올렸다. 객사를 가리키며 말했다.

"이 객사는 길가에 있는 일반 집이 아니라서 필시 구들에 불을 지피지 않았을 것이다. 이런 곳에서 하룻밤 묵기 곤란하니 속히 따뜻한 온돌방으로 안내하거라."

---

95 각 관아에서 심부름하는 사람을 가리키는 범칭. 사령의 임무를 맡던 조례皁隷·나장羅將이 직접 사령이란 별칭으로 불리기도 했다.

그러자 아전 하나가 머뭇거리다 대답했다.

"말씀대로 구들에 불을 지피지 않았습니다. 별성행차別星行次[96]가 예고 없이 갑작스럽게 오셨을 경우엔 언제나 동헌에서 묵고 가셨습니다."

드디어 우리 일행은 외동헌으로 가서 묵었다.

4월 26일, 안개가 자욱하게 끼고 비가 내렸다.

허사許沙 첨사 박지병朴之屛이 시행한 진휼 관련 문서를 가져오게 해 조사해 보려고 풍천부 외동헌에 그대로 머물렀다. 부사 이세강李世剛이 공장을 올리고 찾아와 뵈었다. 아침을 먹고 나니 비로소 비가 오기 시작했다. 온종일 날이 개지 않아 길을 떠날 수 없었다.

4월 27일, 맑았다.

새벽에 출발해 10여 리를 갔다. 길이 골짜기 사이로 나 있었는데 길가에 익명으로 쓴 방문榜文[97]이 붙어 있었다. 이런 방문은 도처에서 흔하게 볼 수 있는 것으로 모두 언문諺文으로 쓰여 있었다. 그런데 이 방문은 해서

---

96 임금의 명령을 받든 사신의 행차를 이르던 말.

97 조선시대 여러 사람에게 어떤 사항을 알리기 위하여 길거리나 사람이 많이 모이는 곳에 써 붙이는 글. '방榜'이라고도 했다. 조정의 관리들을 대상으로 한 방문은 '조방朝榜'이라고 불렸고, 민간인들이 방문의 형식을 이용하여 정치를 비방하거나 자신들의 의견을 표현한 방을 '민방民榜' 또는 '익명방匿名榜'이라 했다. 그런데 일반 백성들이 비방을 목적으로 붙인 익명의 민방을 특히 '괘서掛書'라고 불렀다.

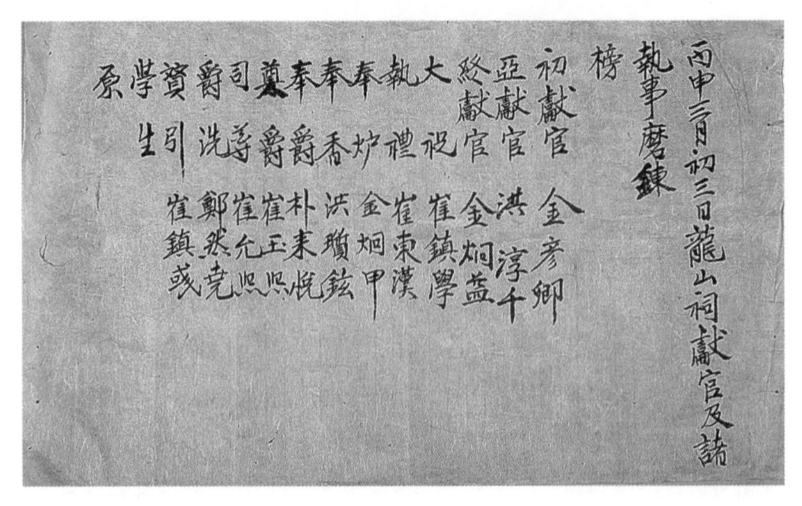
丙申三月初三日龍山祠獻官及諸
執事磨鍊
榜
初獻官 金彥卿
亞獻官 洪淳千
終獻官 金炯益
大祝 崔鎭學
執禮 崔東漢
奉炉 金炯甲
奉香 洪瓚鉉
奉爵 朴来悅
奠爵 崔玉熙
司尊 崔允熙
爵洗 鄭然堯
贊引 崔鎭彧
學生
原

용산사춘향방

강원도 동해시 용산사龍山祠에서 초봄에 종묘와 사직에 올리는 제사인 춘향春享 때 헌관獻官(제관)과 집사執事들을 임명하고 이를 알리기 위해 작성한 방. 삼척시립박물관 소장

체楷書體로 쓴 한문인 데다가 또 문체까지 제법 갖추어져 있었다. 풍천 부사의 죄상을 죽 기록한 내용으로 보아서 필시 아전들이 한 짓이었다. 마침 말에서 내려 소변을 보며 눈을 들어 앞산을 바라보니, 어떤 사람이 산허리 바위 위에 올라서 있었다. 거리가 좀 멀어서 사람의 형체만 보일 뿐 얼굴 생김새는 식별할 수 없었다. 그 사람이 큰소리로 외쳤다.

"지금 어사께서 관아에서 나온다는 말을 듣고 여기서 어사를 뵙고자 합니다. 모름지기 내 의도를 방해하지 마십시오."

그 사람의 말투로 보아 우리 일행이 어사의 행차인 줄 모르고 있지 않았다. 그가 거짓으로 우리 행차를 모르는 척 속이고 이렇게 말한 것은 내가 그 방문을 자세히 보도록 한 것이다.

역졸들을 불러 말했다.

"이 산이 아주 험해 봉우리 뒤쪽에는 발붙일 곳이 없는 것 같다. 너희 네 사람이 앞뒤에서 저 녀석을 추격한다면 충분히 붙잡을 수 있을 것 같으니 빨리 쫓아가라."

그러고선 큰소리로 그 사람을 향해 말했다.

"자세히 물어볼 말이 있으니 바위 아래로 조금 내려와서 나와 함께 이야기해 보는 것이 어떻겠소?"

내가 이러고 있는 사이에 역졸들이 일시에 빠른 걸음으로 산에 올라가자 그 사람은 바로 기미를 눈치 채고 몸을 날려 산을 넘어갔다. 끝내 그를 붙잡지 못했다.

한나절이 지나서야 은율殷栗 객사에 이르러 아침을 먹었다. 현감 한종운韓宗運이 공장을 올리고 찾아와 뵈었다. 오후에 장련 객사에 당도했는데, 객사 안의 방은 오래도록 사용하지 않아서 머물기 곤란했다. 객사 밖으로 나와 사택私宅에서 하룻밤 묵었다.

4월 28일, 맑았다.

은율 관아의 문서를 조사해야 했기 때문에 새벽에 출발할 수 없었다.

현감 이행도李行道가 공장을 올리고 찾아와 뵈었다. 아침을 먹고 길을 떠나 점심때쯤 안악 객사에 당도했지만, 역시 오랫동안 방을 비워 두었기 때문에 사용하기 힘들었다. 우리 일행은 밖으로 나와 향사당鄕社堂을 처소로 정해 묵었다. 군수 이익주李翊周[98]가 공장을 올리고 찾아와 뵈었다. 이익주에게 물어보았다.

제주 향사당
향사당은 향촌자치기구로서 이용된 청사로, 주로 무과에 합격하지 못한 각 고을 무반들이 모여 여러 일을 의논하던 곳이다. 제주도 제주시 소재

"이 도道의 인심이 매우 고약해서 길손을 아주 매몰차게 거절하고 있습니다. 바닷가 부근의 고을이나 야촌을 막론하고 인심이 야박하지 않은 곳이 없었는데, 그중에서도 안악군이 제일 심한 것 같습니다. 예전 인심이 순후하던 시절에는 길손이 도중에 먹을 양곡을 가지고 다니지 않았다고 합니다. 오늘날의 인심을 탓할 수는 없지만 그래도 양곡을 가지고 다니는 길손에게마저 숙박을 매몰차게 거절하고 있습니다. 그러니 어찌 풍속이 야박하고 고약해지지 않겠습니까? 이런 일은 군수가 직접 민간民間에 글장을 내려 백성들을 타일러 시정하게 하면 될 것입니다."

---

98 1634~1704. 본관은 양성陽城, 자는 문보文甫. 1660년(현종 1) 증광시에서 진사로 합격했고 해주 목사를

"어사께서 이 지방을 잠행潛行[99]하실 때 욕을 당하신 곳이 있으시면 알려 주십시오. 이들을 적발해서 치죄治罪하겠습니다."

어이가 없어 웃으면서 말했다.

"나는 별로 크게 욕을 당한 일이 없습니다. 설령 욕을 당한 일이 있다한들 어떻게 그만한 일로 벌을 줄 수 있겠습니까? 존엄한 천자의 몸으로도 미행微行할 때 오히려 백곡柏谷의 욕[100]을 당했습니다. 어사의 신분으로 비록 귀한 사명을 띠고 있지만 어찌 천자와 비교해서 말할 수 있겠습니까? 어사가 잠행할 때마다 자잘하게 치른 곤욕을 어찌 일일이 되갚아 주겠습니까? 이렇게 한다면 민심을 소요시킬 뿐 아무 이득이 없습니다. 나는 절대 그렇게 하지는 않을 것입니다."

4월 29일, 흐렸다.

새벽에 출발해 문화현 객사에 도착했다.

현감 어진척魚震陟[101]은 나와 이성異姓 오촌숙五寸叔[102]인데 공장을 올리고

지냈다.

99 자신의 신분이 드러나지 않게 남들이 모르게 숨어서 다니는 것.

100 백곡은 중국 하남성 영보현 서남쪽 주양진에 있는 정자로, 한나라 무제가 이곳을 미행했을 적에 정장亭長의 집에 투숙하려 했지만 거절당했다. 이에 여관에 투숙했는데 여관 집 노파가 무제의 예사롭지 않은 모습을 보고 후하게 접대했다는 고사故事.

101 1631~1703. 본관은 함종咸從, 자는 백승伯升. 1657년(효종 8) 식년시에 합격했다. 좨주祭酒, 공조정랑工曹正郎 등을 역임했다.

102 '이성 오촌숙'은 외가나 처가 쪽의 당숙堂叔인 사람을 가리킨다. 박만정은 암행어사로 임명될 당시 숙종에게 상피단자를 제출했는데, 거기에 어 현감이 기재되어 있었는지는 확실치 않다. 상피단자는 혈족의 명단으로 암행할 때 지장이 없도록 지방관아의 친족을 피하기 위한 것으로서 왕이 지명한 추생읍抽栍邑 명단에는 문화현이 포함되어 있지 않았다.

찾아뵈었다. 아침을 들고 나서 동헌으로 들어가니 그의 아들 진사 어사하魚史夏도 자리에 나와 있었다. 이들과 함께 한참 동안 이야기했다.

오후에 길을 떠나 신천군 객사에 도착해 하룻밤 묵었다. 군수 채정蔡頲이 공장을 올리고 찾아뵈었다.

4월 30일, 맑았다.

새벽에 출발해 재령군載寧郡 객사에 이르러 조반을 먹었다. 군수 심익창沈益昌이 공장을 올리고 찾아뵈었다.

오후에 율곶 나루를 건넜고, 저녁때 봉산군 서쪽 장상樟山 마을에 당도했다. 마을 사람 대부분이 길손을 매몰차게 거절해 간신히 방을 빌려 묵었다. 초저녁이 지나서야 비로소 저녁을 먹을 수 있었다.

5월 1일, 맑았다.

새벽에 출발해 산산진 마을에 이르러 아침을 먹고 곧바로 첨사가 집무를 보는 동헌으로 들어갔다. 첨사 송영기宋永基가 한창 사람들과 쌍육雙陸놀이를 하고 있다가 어사가 출두했다는 말을 듣고는 놀라고 당황해 허둥지둥하다가 몸을 빼어 달아났다. 진휼 관련 문서를 조사해 보려 했는데, 아랫것들도 모두 도망쳐 나타나지 않았다. 얼마 뒤 아랫것들이 하나둘씩 나타나 알현했다. 드디어 진휼 관련 문서를 살펴본 후에 출발해 저녁 무렵

김준근의 풍속화 중 쌍육 놀이

쌍육 놀이는 일명 쌍륙雙六·십이기十二基·육채六采·악삭握槊이라고도 부르며, 주사위를 던져 나오는 눈이 6·6이면 반드시 이긴다고 하여 쌍육雙六이라고 한다.

황주 객사에 이르렀다.

병사兵使 홍하명洪夏明[103]이 찾아와 뵈었고, 판관 홍수제洪受濟가 공장을 올리고 찾아뵈었다.

---

103 1645~1705. 본관은 남양南陽, 자는 군석君錫. 1688년(현종 9) 무과에 급제한 후 전라좌도 수군첨절제사·황해도 병마동첨절제사·함경북도 병사 등을 역임했다. 무신으로 군무軍務를 능숙하게 처리했을 뿐 아니라 목민관으로서도 선정을 베풀어 민생의 안정을 위해 노력했다.

5월 2일, 비가 내렸다.

새벽에 비가 내려 출발하지 못하고 그대로 머물러 있는데, 병사 홍하명이 다시 찾아와 뵈었다. 이른 아침이 되자 빗줄기가 약간 가늘어져 드디어 길을 떠났다.

황주 성문 밖에 이르자 어떤 아낙이 말머리를 가로막고 슬피 울며 호소했다.

"소인의 지아비가 억울하게 누명을 쓰고 옥살이한 지 벌써 여러 해 되었습니다. 어사께서 이 억울한 정상情狀을 살피시어 제 지아비를 풀어 주시옵소서."

말을 세워 두고 황주 관아의 형리刑吏를 불러다 그 사연을 자세히 물어보았다.

사연인즉 아낙의 남편이 살인 누명을 쓰고 여러 차례 형을 받았으나 지금은 이미 그 혐의가 풀려 장차 석방하려고 하는데, 이미 주상께 재가裁可를 받은 죄인인 까닭에 마음대로 할 수 없었다고 말했다. 다만 순영巡營(감영)에 그런 사실을 보고했고, 감사가 다시 중앙에 장계를 올린 후에는 석방될 것이라 했다. 나는 즉시 형리가 한 말을 그대로 아낙에게 자세히 일러 주도록 했다.

5, 6리쯤 갔을 즈음에 비바람이 일어 의

봉산탈

중요무형문화재 제17호 봉산탈춤 중 팔목중춤에 등장하는 목중 역할의 탈. 봉산탈춤은 황해도 일원에 전승되는 해서탈춤의 하나로, 주로 5월 단오와 원님의 생일이나 관아에 경사가 있을 때 그리고 중국 사신을 영접할 때도 상연했다. 또 봉산탈춤은 주로 하층 관리·상인·주민이 주체가 되었고, 다른 가면극에 비해 한시 구절을 인용하거나 풍자적으로 시문을 개작한 것이 많다. 국립민속박물관 소장

복과 행장이 모두 젖었다. 말을 급히 몰아 동선령洞仙嶺을 지나 봉산군 객사에 도착해 비로소 아침을 먹고 그대로 머물러 쉬었다.

군수 이행성李行成이 공장을 올리고 와서 뵈었다. 이어 한양에 사는 척형戚兄[104] 어사형魚史衡[105]과 그의 서종제庶從弟[106] 어사충魚史忠이 서로西路[107]에서 와서 만나 보았다. 의원 박성석朴星錫도 서로에서 찾아와 뵈었다.

여러 마을을 지날 때마다 황주의 아낙처럼 억울한 사정을 호소하는 이가 매우 많아서 이들의 사연을 다 기록할 수 없었다. 하지만 아주 중요한 것들은 별단別單[108]과 서계書啓[109] 중에 적어 넣었다.

5월 3일, 아침에 비가 내렸다.

아침을 먹고 나니 날이 개어 출발했다. 점심때 검수참劍水站에서 쉬면서 말먹이를 주었다. 길을 가다가 정주 목사 이징구李徵龜[110]를 만나 시냇가에 앉아 잠시 이야기를 나누었다. 저녁때 서흥 익손당益損堂에 도착해 하룻밤 묵었다. 현감 이징즙李徵楫이 공장을 올리고 찾아뵈었다.

이 고을에 들어서면서부터 비로소 어사 신분을 노출시켜 비로소 선문先

104 성이 다른 일가 중에 형뻘이 되는 사람.

105 1647~1723. 본관은 함종咸從, 자는 자평子平. 과거에 여러 차례 응시했으나 급제하지 못하고 1698년(숙종 24) 음직으로 선공감 감역이 되었으며, 이후 여러 관직을 지냈다.

106 서자庶子인 사촌동생을 가리킴.

107 황해도와 평안도 지방을 두루 이르는 말.

108 주본奏本(임금에게 올리는 문서)에 첨부하는 문서나 인명부를 이르던 말.

109 임금의 명령을 받은 관리가 처리한 그 일의 전말을 보고한 문서.

110 1641~1723. 본관은 전주全州, 자는 여휴汝休. 1663년(현종 4) 진사시에 합격하고, 1676년 정시문과에 병과로 급제했다. 사헌부정언을 거쳐 여러 관직을 역임했다.

文[111]을 발송한 후에 행차했다.

5월 4일, 맑았다.

아침 일찍 출발해 평산의 총수산참葱秀山站에 도착했다. 현감 유성채柳星彩가 나와서 지대支待[112]하고 공장을 올렸다.

해서 지방에 들어와 도내의 산천山川을 두루 보았지만 정작 맑고 아름다워 장관을 이룬 곳은 없었다. 오직 해주의 허정만은 한번 올라와 볼 만했다. 이곳은 뒤로는 산을 등지고 앞으로는 바다가 펼쳐져 있는 지형이라서 말쑥하고 깨끗하며 시야가 확 트여 자못 아름다운 경관을 이루고 있다.

그 다음은 총수산인데, 이곳의 산세는 벽을 세워 놓은 듯 깎아지르고 그 아래로 천연의 깊은 연못이 있다. 일찍이 명나라의 사신 주지번朱之蕃이 이 곳을 지나다 산과 계곡의 수려함에 반해 경치를 글로 지어 필적을 남겼다고 한다. 그런데 강을 메워 버려 이제는 한낱 옛일이 되고 말았다. 드디어 오늘 내가 이곳에 올라 조망하며 거닐어 보니 그동안 말을 타고 다니느라 시달린 노고를 충분히 잊을 만했다. 또 옛 명나라 사신들이 왕래한 일이 눈앞에 어른거리는데, 어찌 고금의 깊은 상념이 없을 수 있었겠는가?

오후에 평산 객사에 도착해 하룻밤 묵었는데, 금교金郊 찰방 김구金秮가 공장을 올리고 찾아뵈었다.

---

111 벼슬아치가 지방에 출장할 때, 도착하는 날짜를 그곳에 미리 통지하는 공문을 이르던 말.
112 공적인 일로 지방에 나간 고관의 먹을 것과 필요한 물건을 그 지방 관아에서 바라지하는 일.

명륜당 현판

1606년(선조 39) 명나라 사신 주지번이 쓴 것이다. 서울시 성균관대학교 소재

5월 5일, 흐렸다.

이른 아침 길을 떠나 금천 객사에 도착해 그곳에서 아침을 먹었다.

백천 관아의 문서를 조사해 보려고, 문서를 미리 금천으로 갖다 놓으라고 통지했다. 그런데 백천 관아의 하인이 아직 도착하지 않아 기다리면서 그대로 머물렀다.

이때 군수 이수장李守長이 공장을 올리고 찾아뵈었다. 그가 한양에 사는 박희경朴希慶이란 자에 관해 자세히 말해 주었다.

그의 말에 따르면, 박희경은 일찍이 예조禮曹의 서리였는데, 어떤 사건으로 죄를 짓고 파직되었다. 그런 박희경이 요즈음 어사를 수행하는 배리

陪吏[113]라고 사칭하며 파주·장단에서 말을 타고 평산·백천 등의 고을로 와서 횡행했고, 가는 곳마다 어사의 권세를 빙자해 양식과 찬거리·술과 고기 등을 거두어 갔다고 한다. 그러다가 송도(개성)에서 그 정체가 탄로 났고, 얼마 전에 이 고을 보사報使[114]에게 붙잡혀 이미 감영으로 보내졌다고 한다.[박희경이란 자는 해주 감영에서 형벌을 받고 한양에 압송되어 신문을 받았지만, 후에 사전赦典[115]으로 석방되었으니 통탄스런 일이다.]

가노家奴 계상이 편지를 갖고 한양에서 내려와서 비로소 집안이 편안하다는 소식을 알았다. 금천에서 잠시 살고 있는 척질戚姪[116] 이한해李漢楷와 사인士人 민정황閔挺榥 그리고 박태형朴台亨이 찾아와 뵈었다.

5월 6일, 비가 내렸다.

이른 아침에 길을 떠나 송도에 이르러 점심을 먹고 나니 경력經歷[117] 윤홍리尹弘离[118]가 찾아와 뵈었다. 오후에 장단 객사에 당도하니 장단 부사 남南 영공令公은 이미 임기를 마치고 한양으로 돌아간 뒤였다. 척인戚人 이경李璟과 그의 조카가 찾아와 뵈었다.

날이 어두워져서야 파주에 도착했다. 동헌으로 들어가 목사 이식李湜과

---

113 그 고을의 가장 높은 관리나 지체 높은 양반을 모시고 따라다니던 아전이나 하인.
114 하급 관아에서 상급 관아에 보고하기 위해 보내는 사자.
115 나라에 경사가 있을 때 임금이 죄인을 용서해 주던 특전.
116 성이 다른 일가 가운데 조카뻘 되는 사람.
117 충훈부忠勳府, 의금부, 중추부 등의 각 부에서 실제 사무를 맡아보는 종4품의 벼슬.
118 1641~1708. 본관은 파평坡平, 자는 거경巨卿. 1678년(숙종 4) 증광문과에 병과로 급제했다. 정언·장령 등을 역임했다. 1698년 문안사의 서장관이 되어 심양을 다녀왔다.

함께 잤다.

5월 7일, 비가 내렸다.

아침을 먹고 길을 떠나 점심때 고양군高陽郡 객사에서 쉬었고, 저녁때 한강 주변 마을에 도착해 어떤 한 집에 머물면서 서계를 잘 다듬어 정리했다. 아우가 찾아와 함께 잤다.

5월 8일, 비가 내렸다.

한강 주변에 머물고 있는데, 박만발朴萬發이 찾아와 뵈었다.

5월 9일, 맑았다.

한강 주변에 그대로 머물렀다. 정언正言[119] 이이만李頤晩이 찾아와 뵈었다.

119 사간원司諫院에 둔 정6품의 벼슬.

5월 10일, 맑았다.

한강 주변에 머물렀다. 생질甥姪 홍우성洪禹成이 찾아와 뵈었다.

5월 11일, 비가 내렸다.

서계와 원단元單[120] 및 별단 수정을 끝마쳤다.

5월 12일, 비가 내렸다.

아침을 먹고 대궐에 들어가 복명復命[121]했다.

암행어사의 사명을 띠고 출발한 뒤에 군자감정에 제수除授되었으므로 사은謝恩[122]한 것이다.

120 임금에게 상주上奏하는 본 문서.
121 명령을 받고 일을 처리한 사람이 그 결과를 보고함.
122 사은숙배謝恩肅拜. 즉 임금의 은혜에 감사하며 공손하게 절을 올리던 일.

서계·원단

書啓·元單

서계書啓

신臣이 3월 7일에 봉서를 받고 9일에 비로소 황해도 경내의 추생된 열두 고을에 들어갔습니다. 혹 시골 마을도 드나들고 혹 관아가 있는 읍내도 왕래하며 봉서에 기재되어 있는 각각의 조목에 관해 자세히 묻고 거듭 살펴 몰래 알아내려고 했습니다. 하지만 어리석은 백성이 헐뜯어 비방하는 말과 칭송하는 소리는 반드시 여러 사람의 말이 부합한 뒤에야 취했습니다. 삼가 성교聖敎(임금이 내린 명령)에 의거해 변장邊將들이 몰래 살펴 알아낸 것도 상계上啓하고, 다른 고을의 폐단과 백성들이 겪고 있는 고통도 보고 들은 대로 별단을 지어 상주上奏합니다.

○ 연안 부사 이관주는 일 처리를 능숙하게 하고, 하급 관속官屬들을 엄히 단속합니다. 지난 가을 환곡을 받을 때 형장刑杖을 번거롭게 하지 않아 곡물을 거둬들일 적에도 원망하는 소리가 없었고, 빈민을 구휼함에 있어서도 흠잡을 만한 것이 없었습니다. 관아에서 지급하는 건량乾糧[1] 이외에도 여러 마을의 부유한 사람들을 알아듣게 타일러 여분의 양곡을 거둬들여 서로 도와주도록 했습니다. 그런데 이 과정에서 부유한 사람들에게 강압적이거나 강제적으로 기부하도록 하지 않아 백성들이 모두 마음 편히 여겼습니다.

또 순영에 바치는 고세목雇稅木 일곱 동同 마흔일곱 필疋을 백성들에게 심하게 독촉하지 않고 모두 관아에서 마련했으며, 무슨 일을 하든지 자기 명예를 드러내지 않았습니다. 뚜렷하게 폐해라고 일컬을 만한 것은 없었고, 백성을 다스리는 데도 아무런 문제가 없었습니다. 근래에는 부사가 다른 관직으로 옮기고자 해 고을 백성들이 매우 섭섭해 하고 있습니다.

○ 곡산 부사 최박은 부지런하고 성실해 관직 생활을 한 지 오래되었지만 커다란 악정惡政이 없었습니다. 지난해 가을 사대동미私大同美[2]를 거둬들일 때도 백성들의 곤궁함을 감안해 으레 받아들이던 쌀 두 말과 콩 두 말씩의 양식가糧食價를 매每 여덟 결結에 대해 모두 감급減給[3]했고, 그것을

1 흉년이 들어 곤궁한 사람들에게 죽을 쑤어 주지 않고 대신 주던 곡식.

2 국가에서 시행하는 대동법이 아니라 각 고을에서 임의로 시행하는 대동법에 의거해 거둬들이는 쌀.

3 정한 것보다 적게 지급함.

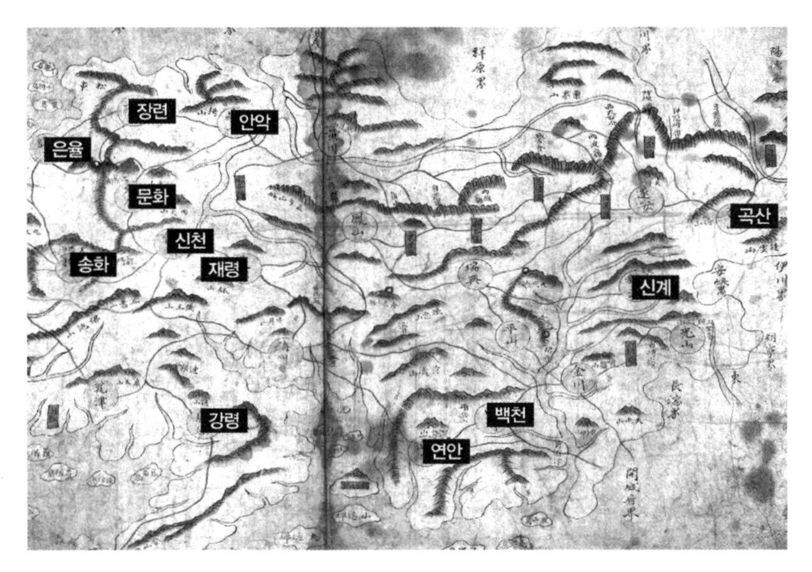

박만정이 암행한 열두 고을

관아에서 변통해 사용했습니다. 금년 봄에 기민을 구휼하는 데도 태만함이 없었습니다. 다만 곡산부 관아의 남쪽 다섯 마을에서 꿩을 바치게 하는 공역을 부과해 이를 관아에서 사용하는 수요에 충당하도록 한 사례가 있습니다. 지난겨울에는 진봉조進封條[4]에 의당 바쳐야 하는 것 이외에도 세 가구마다 다시 또 한 마리씩을 바치도록 했습니다.

또 곡산부는 본디 협소한 고을이어서 애당초 면화棉花가 생산되지 않고, 북면北面의 온사음방溫舍音坊에서만 간혹 약간 심은 곳이 있다고 합니다. 이 마을에서는 시목柴木[5]의 공납을 면제해 주는 대신 목화木花를 바치게 했고,

4 물건을 싸서 임금에게 진상하는 조목.
5 땔감으로 사용하는 나무.

시목 한 자에 목화 세 근을 세금으로 징수했습니다. 그런데 이 마을의 토지 결수가 스물세 결이어서 한 결당 시목 스무 자를 전례前例대로 납부하도록 했습니다. 이를 근거로 계산해 보더라도 본 부府는 1300여 근이나 되는 많은 양의 목화를 거둬들이고 있습니다. 이외에도 꿀의 산지에서도 토지 여덟 결마다 꿀 여덟 되씩을 거둬들이고 있습니다. 게다가 각 방坊과 각 리里의 꿀통 수효를 장부에 기록해 두고, 나중에 백청白淸[6] 세 되와 황청黃淸[7] 두 되씩을 거둬들이고 있습니다. 위에 기록한 몇 항목의 일은 비록 예전부터 내려오는 관례라 할지라도 올해 같은 흉년에는 마땅히 정상을 참작해 서 절감해 주도록 해 백성들의 궁핍함을 조금이라도 덜어 주어야 할 것입니다. 하지만 선례先例라 하면서 그대로 답습해 이처럼 막중하게 거둬들이고 있으니, 백성들의 원성을 벗어나기 어렵습니다.

○ 백천 군수 이동형은 부임 초기에는 제법 유능하다는 평판이 있었습니다. 하지만 지난해 가을 곡물을 거둬들일 때 본 군 열여섯 방坊의 부유한 백성 300여 명을 초청해 소를 잡고 주연酒宴을 베풀었는데, 여러 사람이 둘러앉은 자리에서 직접 잔을 들어 손님들에게 권한 뒤에 몇 순배 잔이 돌아가자 손님들에게 자신들이 상납할 곡물의 수량을 기재하도록 했습니다. 그중에 기재한 수량이 많은 것을 기준으로 삼아 이보다 한 섬이라도 모자라면 아예 받지 않겠다고 했습니다. 게다가 술상 열두 개 정도를 차려 놓고선, 이를 먹고 싶은 사람이 있으면 내가 응당 마주 앉아 주겠다고 하면서 이들을 당堂 위에 올라오게 해 마치 평교하는 사이처럼 술잔을 주고

6 빛깔이 희고 품질이 좋은 꿀.

7 빛깔이 누렇고 품질이 떨어지는 꿀.

받았습니다. 또 곡물을 거둬들일 때도 이들이 자발적으로 기재한 곡물 수량의 두 배를 상납하도록 했습니다. 한 고을의 수령으로서 망측스럽게도 상한常漢(상놈)의 무리와 추하게 자리를 함께해 즐겼고, 곡물의 수량을 정해 강제로 징수해 백성들의 원성이 적지 않았습니다.

시장에서 구입한 곡물을 관가에 납품할 때는 자연히 정량보다 모자라는 것이 상례常例인데, 이를 부유한 백성들에게서 충당하기 위해 강압적으로 이들에게 돈을 지급해 무곡貿穀[8]하게 했습니다. 또한 지금은 논밭을 경작하고 파종하는 시기입니다. 그런데 가난한 백성들에게는 종자가 없고 관가에서는 이들에게 종자를 나누어 주지 않았습니다. 그리고 부유한 백성들에게 개인적으로 나누어 주도록 했습니다. 게다가 부유한 백성들에게 만일 명령을 어기면 별도의 조치가 있을 것이라 했습니다. 비록 부유한 백성들이라 할지라도 애초에 이미 조곡租穀[9]을 상납하고, 중간에 또 강제로 무곡을 정했으며, 결국 종자마저 빈민들에게 나누어 주도록 협박당했습니다. 이처럼 세 번에 걸쳐 침학을 당했기 때문에 수령을 원망하고 비방하는 소리가 마구 일어나고 있습니다.

'우금牛禁'[10]이라고 핑계를 대고선 각 방坊의 백정들을 잡아들여 도살한 죄를 묻고 무거운 형벌을 가해서 수령의 위엄에 겁을 먹은 백정들이 간혹 지난 일을 가지고 대답하는 경우도 있었습니다. 수령은 이들의 공초供招[11]의 진위 여부를 가리지 않고 속전贖錢[12] 열 냥씩을 받아 열여섯 방에서 100

---

8 이익을 보려고 곡식을 몰아서 사들이는 것.

9 조세로 바치는 곡물.

10 소의 도살을 금지시킨 법령.

11 죄상을 진술한 내용.

12 죄를 벗어나기 위해 바치는 돈.

여 냥을 거둬들였습니다. 이처럼 민간에서는 소의 도살을 엄격하게 단속해 금지시켰으면서도 관가에서는 여전히 예전과 다름없이 육류를 홍청망청 마구 사용했습니다.

신이 직접 목격했는데 곡물의 환상還上이나 분급分給을 아주 불성실하게 하여 보름 만에 지급하는 양곡이 장정壯丁의 몫은 한 말 한 되 세 홉 네 작勺이고, 노약자의 몫은 일곱 되 세 홉입니다. 게다가 조와 피와 보리 등 잡곡을 혼합해 규정량만 지급하니 백성들이 끼니를 이을 수 없어 원망하는 소리가 자못 높았습니다.

기민들에게 무상無償의 양곡도 아주 불공평하게 지급해 환과고독鰥寡孤獨[13]이나 폐질자廢疾者[14]는 구호 대상자 명부에서 누락되고, 향촌의 양반으로 미력하나마 권세만 있으면 부호라도 모두 구호 대상자 명단에 들어 있었습니다. 심지어 전 현령 신성중辛聖重과 도사都事 민진원閔鎭遠 등의 가노와 본디 가난하지도 않은 전 좌수 봉정황奉廷璜의 노비 열 명도 구호 대상자 중에 끼어 있어 백성들의 원성이 자자합니다.

신이 4월 초순 즈음, 열흘이나 지나서 이 고을 서쪽 화산촌에 당도했을 때 장님인 어떤 노파가 굶주려 죽을 지경에 이른 것을 보고 그 까닭을 물었습니다. 그러자 그 노파가 말하길, 자기는 원래 이 고을 사람으로 남편도 자식도 없는 무부무자無夫無子인데, 호적에조차 들지 못해 구호를 필요로 하는 대상자 중에 빠져 있어 양곡을 지급받지 못한다고 했습니다. 그 노파는 이런 사정을 여러 차례 관가에 호소했지만 끝내 혜택을 받지 못했

13 홀아비, 과부, 고아, 자식 없는 늙은이.
14 불치의 병으로 폐인이 된 사람.

다고 했습니다. 노파와 같은 처지에 놓은 사람이 또 있느냐고 물으니, 같은 처지에 있는 사람이 한둘이 아니라는 대답을 들었습니다.

군아郡衙에 들어가서 관련된 문서를 조사해 보니, 다른 고을에서 들어온 사람 중에 구호 대상자는 별도로 기록해 한 명부에 수록해 놓았지만, 본 고을의 폐질자는 여러 이유를 핑계로 명부에서 누락시켜 건량을 타지 못하게 했습니다. 그러고는 세력 있는 백성들에게 아첨해 빈민을 위한 진휼을 잘한다는 명성을 얻기 위해 향품배鄕品輩[15]들을 동원해 건량을 타가는 빈민에게 군수의 선정을 기리는 비석을 세우라고 선동해 관문官門에서 일일이 호명해 돈을 거둬들였습니다. 이 때문에 겨우 연명하는 부류들이 돈을 마련할 길이 없어 고통스러워했고, 몹시 원망했습니다.

모든 세납稅納을 받아들일 때도 고액중세高額重稅의 폐단이 없지 않았습니다. 세조稅租[16]를 받아들일 때도 이런 폐단이 극심해 세납을 다 받아들인 뒤에 그 수량을 헤아려 보니, 원래의 수량인 883섬 이외에도 나머지 분량이 53섬이나 되어 백성들이 헐벗고 굶주린 시기에 이토록 남봉濫捧[17]한 수량이 많았습니다. 앞서 지적한 우속전牛贖錢[18]과 남봉한 조세의 잉여분이 어디에 있는지 물으니, 혹은 진휼청으로 보냈다 하고, 혹은 공방工房에 보냈다 하는데, 그들이 주장하는 말은 분명히 증명할 만한 문서가 하나도 없었습니다. 관아 소유의 곡물이 다소 여분이 있게 되면, 관아 주변을 기웃거리는 백성들과 관속배官屬輩[19]들이 그럴듯한 명목을 붙여 사리사욕을 채

---

15 한 고을에서 세습하여 내려오는 아전들 무리.
16 세금으로 거둬들이는 벼.
17 정해진 수량보다 더 많이 받는 것.
18 소 도살을 금지하는 법을 어겼을 때 물리는 벌금.
19 관아에 속한 무리.

우던 일은 예로부터 있었습니다.

이번에도 본 군의 문서를 꺼내 조사해 보았는데, 관청의 환상분還上分인 쌀과 콩을 분급한 책자가 있어 그 곡절을 물어보았습니다. 이에 해당 아전 노세창魯世昌이 답하길, 국곡國穀과 함께 모두 나누어 주었다가 가을에 다시 모자라는 몫(分)까지 아울러 거둬들인다고 명백하게 진술했습니다. 또 백성들이 전언하길, 쌀과 팥을 합쳐 열 섬과 볏짚 300동을 실어 갔다는 말을 듣고 문서를 조사할 때 해창海倉[20]의 출고 책자를 살펴보았는데, 2월 6일에 백미 네 섬을 관청으로 보냈다고 했지만, 이를 노비 성한成汗이 차지했습니다. 또 3월 7일에 백미 스물다섯 섬과 콩 두 섬, 조 여섯 섬을 관청으로 보냈다고 했지만, 이는 함취량咸就良이 받았다고 했습니다. 이에 출고를 담당하는 아전에게 자세히 묻자, 해당 아전 정의인鄭儀仁이 군수가 꾸려서 한양으로 실어 보냈다고 정확히 진술해 주었습니다. 성한은 원래 급창及唱[21]인데, 그가 전후에 걸쳐 백미 스물아홉 섬과 콩 두 섬과 조 여섯 섬과 볏짚 200동을 차지하고 있다가 한양으로 실어 보낸 사실을 분명히 확인했습니다. 함취량도 한양 가는 길에 백미 다섯 섬과 팥 두 섬, 조 네 섬을 한양으로 실어간 것이 확실하고, 호장戶長 유후택劉後澤도 진술에서 지붕을 잇기 위해 정고正藁[22] 200동을 실어 갔다고 시인했습니다. 이 밖에도 각 창고의 곡물을 사사로이 수차례 이용했으니 각 항목에 관한 문서 다섯 부씩을 봉진封進합니다.

---

20 전세로 받아들인 곡물을 배로 실어 나르기 위해 저장하는 창고.

21 군아에서 부리는 사내종.

22 제일 좋은 볏짚.

○ 재령 군수 심익창은 부임 이후 선정을 베풀어 백성들은 편안했지만 아전들을 너무 엄하게 단속해 이들이 상관을 두려워했습니다.

어전장목漁箭長木[23]에 대한 수포收布는 본 군에서 오래전부터 내려오는 잘못된 규례인데, 폐단이 적지 않아 혁파했습니다. 또 작년처럼 극심한 흉년에는 관가에 바쳐야 하는 많은 물품을 일률적으로 삭감해 주어 굶주린 백성을 진휼하는 데 별다른 착오가 없었습니다. 다만 이번에 해창의 환곡을 나누어 줄 때 일반 백성에게는 수수만 나눠 주고, 궁가나 서울 사대부 농토를 관리하는 사람들에게는 40여 섬을 내주어 관가의 뜰을 메운 빈민들이 자루를 들고는 낙심해 원망하면서 돌아갔다고 합니다. 또 임기가 다 차서 정사를 돌보는 자세가 태만해졌고, 이 때문에 여러 일이 느슨해지는 폐단이 생겼습니다.

○ 안악 군수 이익주는 부임 이후 최선을 다해 정사를 살피고 정령政令을 시행해 이서배吏胥輩와 백성이 모두 편안하게 지내고 있습니다. 해산물이 나는 마을에서 받아들이는 물종物種도 1년에 한 번밖에 없었습니다. 또 역참에 번番을 들게 했지만 그 품삯을 민간에서 받아들이지 않았고, 공장工匠들을 부릴 때도 번거롭게 여러 번 시키지 않았습니다. 지난해 개시開市 때는 무명 다섯 동 열여섯 필을 관가에서 마련해 보냈고, 굶주린 백성을 진휼하는 일 역시 대충해 버리지 않았습니다.

종자가 없는 사람에게 종자를 나눠 줄 때도 결수나 호구에 준해 누락시

---

23 물고기를 잡는 장치의 하나인 어살에 사용되는 긴 나무. 어살은 긴 나무[長木] 등을 개울이나 강에 날개 모양으로 둘러 꽂고 그 가운데에 그물을 달아서 물고기가 들어가면 빠져나가지 못하게 만든 장치다.

키는 폐단 없이 균등하게 시행했습니다. 이처럼 백성들이 헐벗고 굶주린 시기에 전세田稅로 받을 좁쌀(小米) 488섬을 백성에게서 수탈하지 않고 모두 관가에서 마련해 온 고을 사람이 칭송하는 소리가 자자했습니다. 다만 관아의 규율을 엄격하게 하지 않아 소속 노복들이 제멋대로 드나들어 관아의 위엄을 떨어뜨렸고, 하급 관리들이 권세를 이용해 농간을 부리기도 했습니다.

○ 신천 군수 채정은 사람됨이 자상하고 이사吏事(관리의 업무)에 능숙해서 형장을 남용하지 않았고, 송사訟事를 듣는 즉시 처리했습니다. 이와 같은 흉년을 당해서도 백성을 구휼하는 데 조금도 나태하지 않았고, 해마다 백성들이 의례적으로 바치는 곡물을 모두 감봉해 주었을 뿐만 아니라 전세로 받을 전미田米 256섬 중에 130섬을 관가에서 마련해 보충했습니다. 이 외에도 진휼할 곡식을 개인적으로 많이 마련해 놓았습니다. 이 때문에 혜택을 받은 고을 백성들이 그를 칭송하는 소문이 자자했습니다.

다만 곡물을 모을 때 각 방의 부유한 백성을 가려내어 갖가지 곡물을 강제로 징수했는데, 많이 낸 사람은 혹 수십 섬에 이르기도 하고, 적게 낸 사람이라 하더라도 한두 섬 아래로 내려가지 않았으니, 이것이 바로 자신의 살을 베어 자신의 배를 채운다는 속담과 같다 하겠습니다. 또 관원들이 입을 털옷을 마련한다고 핑계 대고 군관들로부터 황광피黃獷皮[24]의 값으로 50여 냥의 돈을 거둬들여 상인에게 10여 냥을 내주어 양피羊皮로 만든 갖옷을 사들였습니다. 이처럼 황광피의 값으로 돈을 징수하는 것은 예전부

24 누런 족제비 가죽.

터 내려오는 관례라 할지라도 그것이 잘못된 관례라면 마땅히 혁파해야 할 것입니다. 하지만 오히려 이런 흉년에 굶주린 군관으로부터 50여 냥의 돈을 거둬들였으니, 이는 이치상 합리적으로 변명할 준거가 없습니다.

○ 신계 현령 심능은 부임 이후 단 하나도 잘한 일이 없습니다. 송사가 있어도 제대로 처리하지 못했고, 관장官長(관아의 우두머리)이 마땅히 결단을 내려야 할 일도 단안斷案을 내리지 못하고 다만 하리下吏들의 의견을 따랐습니다.

본 현에 배속된 금위영禁衛營 보인保人 233명에 대한 군포는 이미 오래 전에 조정으로부터 감납減納하도록 지시가 내려져서 매 1인당 돈 한 냥兩 한 전錢 세 푼分 5리里씩을 받도록 정해져 있었습니다. 그런데 본 현에서는 거기에다 한 냥 세 전 네 푼을 덧붙여 받아서 정규 상납분 이외에 여분이 일흔세 냥이나 되었습니다. 순영에 납부하는 창병목槍柄木[25] · 궁삭목弓槊木[26] · 고좌목高佐木[27] 등 총 25여 항목에 달하는 물종의 대가代價는 전미 스무 섬씩으로 봄과 가을 두 번에 걸쳐 마흔 섬을 지급하도록 되어 있는데, 이를 위해 민결民結에서 약 일흔 섬이나 충당하도록 했습니다. 하지만 지금과 같이 곡물이 귀한 시기에 정해진 수량 이외에 서른여섯 섬이나 더 많이 징수해 백성들이 매우 원망하고 있습니다.

금위영에서 보유하고 있는 돈과 궁삭목 등의 여미餘米(여분의 쌀)가 적지 않게 많지만 어디에 사용했는지 그 용도를 알 길이 없고, 환곡을 나누어

---

25 창자루를 만드는 데 사용되는 나무.
26 활을 만드는 데 쓰는 나무.
27 활시위를 메는 부분인 활고자[高佐]를 만드는 데 쓰는 나무.

줄 때도 봄부터 지금까지 겨우 네 차례 뿐이어서 백성들의 원성이 높습니다. 그 까닭을 묻자 모두 이르길, 향창餉倉[28]에 있는 환상미를 모두 건량으로 유용했기 때문에 창고가 비어 실제로 지급할 곡물이 없다고 했습니다. 본 군의 관련 문서를 조사할 때 향창의 각종 곡물 재고량을 살펴보니, 지난해에 받아들인 1302섬 중 금년에 네 차례 나누어 주고 남은 것이 749섬이라고 문서에 기재되어 있었습니다. 봉고할 때 실수實數를 점검해 보니 단지 서른아홉 섬뿐이라서 그 까닭을 물어보았습니다. 이에 해당 서리 배원창裵元昌이 말하길, 전미 130섬과 피 1290섬, 팥 100섬과 콩 일흔다섯 섬을 진휼청으로 보냈고, 쌀 쉰네 섬은 관청으로 보냈다고 낱낱이 진술했는데, 이는 군무문서郡務文書에도 드러나 있습니다.

배봉운裵鳳雲은 송도의 부상富商이고, 조중란趙重蘭은 간사하고 교활한 상한常漢(상인)입니다. 그런데 본 현의 현령은 조중란을 진휼감관賑恤監官으로 삼아 많은 진휼 곡식을 팔아먹게 했고, 배봉운을 관아에 들어오도록 허락해 민간인과 결탁하고 관청의 전곡을 다수 출급했습니다. 이후에는 배봉운과 더불어 모리행위牟利行爲를 해 비루하고 자질구레한 말들이 어지러이 퍼졌습니다. 해당 아전 정두천鄭斗千에게 그 사유를 따져 묻자, 내년에 사용할 청밀淸蜜(꿀) 값을 금년 정월에 미리 준다는 명분으로 쌀과 팥 마흔 섬을 배봉운에게 내준 후에 다시 또 전미 몇 섬을 그에게 내주어 그것으로 명주도 바꾸고 돈도 바꾸려 한 사실을 직접 본 적이 있다고 명확하게 진술했습니다.

이외에도 지난 10월에는 진봉進封한다고 핑계 대고 배인선裵仁先을 색리

---

28 군량미 저장 창고.

色吏(담당 관리)로 정해 전 군내의 크고 작은 민호를 막론하고 여러 자잘한 탈을 면제시켜 주는 대가로 한 호마다 조 다섯 되씩을 받아 본 현의 총 3380호에서 1690여 말의 조를 거둬들여 백성들의 원성이 자못 높았습니다.

신이 관아에 들어갔을 때는 이미 배인선이 도망치고 없어 이방吏房 민종득閔宗得을 추문하니, 그가 과연 그러한 일이 있었다고 낱낱이 진술했습니다. 그리고 금년에 널리 사용된 팔결도안八結圖案[29]을 찾아보니, 원전元田[30] 1191결結 1부負 5속束 가운데 급재전給災田[31]은 497결 18부 6속이고, 제반 복호復戶와 인리전人吏田[32]은 343결 90부였습니다. 이외에 또 승전僧田[33]과 장어결獐魚結[34] 등이 있었습니다. 장어결은 도신道臣(관찰사)의 공문으로 겨우 혁파되었고, 승전은 예전부터 전해오는 규칙(舊規)이라 하여 감영의 전안田案[35]과 대조해 살펴보았는데, 호조에 보고한 것이 1008결 17부 5속이었습니다. 급제전과 본 현에서 이전부터 내려오는 면세전免稅田 등을 제외하고도 사사로이 이용하는 은결隱結[36]이 또 181결 84부이므로 색리 우종열禹宗烈을 문초했는데, 그것이 과연 확실하다는 것을 명백히 진술했습니다. 이외에도 각 창倉의 곡물을 멋대로 옮기고 이용한 것이 많으므로 각 항목의 문서를 네 부씩 아울러 봉진합니다.

---

29 호당戶當 경지 면적 여덟 결을 기준으로 하는 전결성책田結成冊.

30 전결성책에 기재되어 있는 전답.

31 흉년으로 면세 대상이 된 전답.

32 아전에게 주는 토지.

33 승려에게 주는 토지.

34 수렵狩獵이나 어업漁業에 종사하는 사람에게 주는 토지.

35 조선시대의 토지대장. 전결성책이라고도 함. 소재지·번호·등급·모양·넓이·경작자 등을 적었다. 세 벌을 만들어 호조와 각 도 및 군에 보관했다.

36 일부러 양안量案에 올리지 않고 사사로이 경작하는 은토隱土에 매긴 결세結稅.

○ 강령 현감 김세형은 부임 초기에는 제법 정사를 잘해 기민을 구휼하는 데 태만하지 않았습니다. 다만 금년 봄에 아록미衙祿米[37]라 빙자하고 매네 결마다 열 냥씩을 거둬들였습니다. 이를 본 현의 전결 170여 결로 미루어 환산해 보니 그 수가 적지 않았습니다. 지금같이 백성들이 헐벗고 전세도 이미 모두 정봉停捧[38]하라는 처분이 내린 이때에 마땅히 백성의 곤궁함을 불쌍히 여겨 모든 것을 감면해야 합니다. 하지만 전부터 응봉應捧해야 할 물종이라 하여 봉납만을 독촉하니 백성들의 원성이 대단합니다. 또 관직에 있은 지 5년이나 되어 농간을 부리는 수완이 매우 능숙해 무릇 어떤 일이든지 재주를 많이 부려 비루하고 좀스럽다는 비방이 없지 않습니다.

○ 장련 현감 이행도는 부임한 이후 별다른 폐단이 없었고, 정사를 펼칠 때도 가혹하지 않았으며 형벌을 남용하거나 잘못된 시행을 하지 않았습니다. 전례 없는 흉년을 당해서도 오직 백성을 구제하겠다는 일념으로 진휼에 전심전력해 커다란 착오가 없었습니다. 다만 지난해 가을 곡물을 거둬들일 때 부유한 백성을 가려내어 곡물을 억지로 내게 했습니다. 부유한 백성을 가려낸 것이 뒤섞여 소장訴狀을 관아에 제출하는 일이 분분했으니, 이는 굶주린 백성을 진휼하려는 정사가 도리어 백성들의 소요騷擾를 벗어나지 못하게 한 일이 되었습니다. 이 밖에 정령을 시행할 때도 엉성하고 졸렬해 새로운 것을 진작시키지 못하고 구태의연했습니다. 하지만 백성을 지나치게 침학한 일이 없어 원망하거나 비난을 당하지는 않았습니다.

---

37 아전들에게 녹봉으로 지급하던 쌀.
38 세금 납부를 정지함.

○ 송화 현감 김해는 부임 이후 제대로 한 일이 하나도 없습니다. 자기 앞에 어떤 일이 닥치면 갈피를 잡지 못했고, 정령을 시행할 때도 자기 주관대로 하지 못하고 매번 향청鄕廳[39]의 의견을 따랐습니다. 몇 장의 소장도 꾸물거리며 제대로 처리하지 못했고, 제사題辭(판결문)도 분명하게 내리지 못했으며, 백성들의 송사는 곡직曲直을 가리지 않고 일체를 물리기만 했습니다. 하지만 형벌을 가할 때는 시비를 구분하지 않고 무조건 중하게 다스렸기 때문에 죄상이 가벼운데도 죽음을 당하는 사람이 많았습니다. 이로 인해 백성들이 한스러워 했습니다. 이외에 처리하지 않아도 되는 일에 손을 대어 오히려 폐단을 일으킨 사례도 있습니다.

본 현의 여덟 방 가운데 네 방은 진휼 곡식을 보충한다는 명목으로 네 결結마다 시목柴木을 면제해 주는 대신 콩과 팥 등을 대신 납부하도록 해 그 수량이 130여 섬 정도입니다. 비록 이렇게 한 전례가 있다 하더라도 지금같이 곡물이 귀한 시기에는 백성의 곤궁함을 안타깝게 여겨야 합니다. 하지만 매질을 하면서 납부할 것을 독촉하니 백성들의 원성이 자못 높았습니다. 이른바 무상으로 지급하는 곡물도 일반 창고의 곡물과 마구 섞어 놓아 분급할 때 이것저것 분간하지 않고 내주었고, 또 각 곡식 창고의 환곡도 제멋대로 가져다 쓴 경우가 많았습니다. 무상으로 지급하는 건량은 다른 방법으로 지급한 경우도 있었습니다. 특히 환상미를 나누어 줄 때는, 처음엔 식구 수를 헤아려 주었지만 나중엔 호당으로 헤아려 합쳐서 나누어 주었습니다. 이는 아주 잘못된 방법으로 임무를 착실하게 수행하지 않은 것입니다. 게다가 각 방에서 형편이 조금 나은 사람을 가려 뽑아 따로

39 지방 군현의 수령을 보좌하던 자문 기관.

명부를 만들어 올리고 이들에게 환곡을 주지 않았습니다. 또 집에 망아지나 송아지가 한 마리라도 있으면 형편이 괜찮다고 여겨 환곡을 나누어 주지 않기도 했습니다. 이 때문에 백성들의 원망이 없을 수 없었습니다.

종자種子를 2월 사이에 한 번 나누어 준 후에 아직 나누어 주지 않아 백성들의 원성이 자자합니다. 또 산창山倉[40]의 군향곡軍餉穀(군량미) 수십 섬을 민간에서 나누어 준다고 핑계 대었는데, 끝내 나누어 주지 않고 관에서 이용해서 백성들의 원성이 자자했습니다. 신이 본 현의 관아에 들어가 그 사실을 자세히 캐물었습니다. 이에 산창의 색리 윤효일尹孝一과 관청의 색리 하기선河起善이 산창의 환상대미還上大米 열여덟 섬 열네 말을 과연 소문대로 관청에서 이용했고, 이를 민간에 나누어 준 것처럼 문서를 조작한 사실이 있다고 낱낱이 진술했습니다. 창고의 곡식을 임의로 유용하고 그 흔적을 엄폐한 행태가 특히 매우 터무니없습니다.

소를 도살하지 말라는 금령이 명백한데도 국법을 아랑곳하지 않고 고기를 마구 사용했고, 게다가 고기를 팔아 돈까지 마련했다는 소문이 민간에 자자합니다. 그래서 본 현의 해당 문서를 찾아보니, 돈의 사용처를 기록해 둔 책자가 있었습니다. 책자를 살펴보니 제물을 마련하기 위해 두 차례 돈을 사용한 이외에도 전후로 사용한 돈이 있었습니다. 이런 돈을 모두 합쳐 계산해 보니 102냥에 이르렀습니다. 관청 색리 하기선은 공초에서, 이 모든 돈을 현감 김해가 개인적으로 사용했다고 명백하게 진술했습니다. 이상 각 항목의 문서 세 부를 아울러 봉진합니다.

---

40 군량미를 저장해둔 산성山城의 창고.

○ 은율 현감 한종운은 이곳에서 여러 해를 현감으로 지냈지만 아직 별다른 폐단은 없었습니다. 다만 지난해 관아에서 곡물을 거둬들일 때 교생 중에 처음 향참鄕參[41]에 들어온 자에게 일흔 냥을 받았고, 이른바 간선생間先生으로 향참에 들어온 부류에게는 쉰 냥의 돈을, 기타 평민으로 교생에 들어가고자 하는 자에게는 열 냥의 돈을 받고 허락했습니다.[42] 그런데 이는 새로운 예例를 만들어 많은 돈을 취한 악폐로서 자연히 비방하는 말이 없을 수 없습니다.

또한 건량을 나누어 줄 때는 되와 말로 두량斗量하여 사람마다 균등한 혜택을 받게 하는 것이 옳습니다. 그런데 그렇게 하지 않고 인원수를 모두 합쳐서 전량全量의 건량을 섬으로 내주어 그들이 스스로 사사롭게 나누어 갖도록 했습니다. 그 결과 마땅히 한 말을 받아야 할 사람이 겨우 일고여덟 되를 받게 되어 백성들의 원성이 많았습니다.

대개 부지런하게 곡물을 거둬들였지만 거둬들이는 과정에서 문제를 발생시켰고, 백성을 구제하려는 뜻은 간절했지만 끝내 실효를 거두지 못했습니다. 이는 수완이 부족해 일을 능숙하게 처리하지 못하고 위엄 있게 명령을 하달하지 못한 때문입니다.

○ 문화 현감 어진척은 부임 이후 그런대로 선정을 펼쳤습니다. 지난가을에 곡식을 거둬들일 때도 백성의 원성이 없었고, 오로지 백성을 구제하는 일에 뜻을 두어 진휼을 소홀히 하지 않았습니다. 굶주린 백성에게 양곡

41 고을의 문제를 의결하는 자리.
42 이처럼 향참에 들어오거나 향교의 유생이 되면 군역을 피할 수 있기 때문에 현감에게 돈을 준 것이다.

을 나누어 주는 일 이외에도 다방면에 걸쳐 흉년을 극복하는 여러 생활 방법을 알려 주었습니다. 정사를 돌봄이 부드러웠고 형장을 남용하지 않았으며, 백성의 송사를 처리할 때도 그 시비를 적절히 가려 몇 번이고 되풀이해 설명해 주었으므로 백성들이 매우 만족했습니다. 다만 실책失策이 있다면 너무 관대하고 하졸들을 엄히 단속하지 않아 향청의 관리들이 그 틈에 제멋대로 일을 처리하는 폐단이 많았습니다.

○ 소강 첨사 이용李溶은 현직에 머무른 지 여러 해가 되었지만 제대로 한 일이 하나도 없습니다. 게다가 기생에게 현혹되어 한 달에 몇 번이나 감영이 있는 해주를 왕래해서 그가 지나가는 각 읍에 적지 않은 폐해를 끼쳤고, 해당 역참의 인마人馬가 수고로움을 견디기 힘들어 했습니다. 특히 해주에서는 역참 두 곳에서 인마를 내주기 때문에 관인배官人輩들이 항상 촌락 사이에 상주하는 형편이어서 백성들의 원성이 자못 높았습니다.

○ 산산 첨사 송영기는 지난가을 진곡을 보충한다고 핑계 대고 경내의 제법 부유한 백성들을 가려내어 곡식 한 섬씩을 강제로 징수했는데, 이들이 담당 관리에게 뇌물을 주어 빠져나가고 오히려 형편이 어려운 사람들만 추궁을 당하거나 투옥까지 당했습니다. 이 때문에 많은 사람이 원망하거나 비방하고 있습니다. 게다가 토졸土卒들에게 돈을 주어 여러 곡물을 사들이도록 빈번히 종용해 민폐가 적지 않았습니다. 기민에게 진휼 곡식을 나누어 줄 때는 약간의 피곡皮穀만을 지급해 겨우 책임을 벗어나려 했습니다. 또 임기 만료를 앞두고 돌아갈 날이 얼마 남지 않자 굶주림에 허덕이는 토졸들에게서 쇄마가刷馬價[43]를 징수하는 등 자못 침학이 심해 토

졸들의 원성이 자자했습니다.

○ 허사 첨사 박지병은 토졸들을 침학한 사례는 별로 없지만, 굶주린 백성을 구휼할 적에 공평하게 양곡을 나누어 주지 못해 백성 중에 간혹 원망하는 사람이 있었습니다.

○ 문성 첨사 정달도와 동리 첨사 김효흥金孝興은 부임한 지 얼마 안 되어 비방하는 말이 없었습니다.

○ 광산 만호 유상만은 토졸들을 불쌍히 여겨 물건으로 은혜를 베풀어 위로했고, 굶주린 백성이 이리저리 떠돌아다니지 않도록 진휼하는 데 힘썼습니다. 이 때문에 고을 백성의 칭송이 자자했습니다.

○ 문산 만호 안필휘安必徽는 부임 이후 토졸들을 침학하는 일이 없었습니다. 다만 각 진鎭에서는 가경수세례加耕收稅例[44]라고 하여 하루 밭갈이에 전미 한 말 다섯 되씩을 받는데, 이 문산진에서만은 전미 한 말과 콩 한 말을 받았습니다. 이를 값으로 계산하면 가격 차이는 별로 없지만 지난해처럼 콩 농사가 흉작일 때는 응당 그해 농사의 잘되고 못된 형편을 참작해야 하는데도 다만 전례대로 납부하기만을 독촉해 백성들이 원망했습니다.

---

43 지방에 배치했던 관용官用 말 값.
44 하루갈이가 넘는 結數에 일정한 세액을 부과하는 것.

○ 신당 만호 이웅준李雄俊은 토졸들을 침학해 한정 없이 징수했고, 군관 등에게는 번을 면하게 해 준다고 핑계 대고 한 명당 상품上品의 명주 한 필과 황구피黃狗皮(누런 개가죽) 한 령令, 참깨 한 말씩을 강제적으로 징수했습니다. 또 토졸들에게는 거친 벼 한 섬을 내주고는 백미 여섯 말을 기준량으로 해 거친 벼를 정미精米해 오도록 시켰습니다. 작년에는 모든 곡식이 잘 여물지 않아 백성이나 토졸이 모자라는 양을 스스로 마련해 바쳤기 때문에 원성이 대단히 컸습니다.

또 훈련도감에서 사들이는 명주는 정식 규정에는 백주白紬(흰 명주) 한 필에 피곡 두 섬씩으로 되어 있는데, 이리저리 핑계를 대며 정액 이외에 비싼 가격을 더 보태도록 하여 그 고을 백성들에게 이중의 민폐를 끼쳤습니다. 둔곡屯穀(모아둔 곡식)을 나누어 줄 때도 뇌물을 받은 자에게는 많이 주고, 굶주린 자에게는 겨우 몇 되 몇 홉을 주어 책임을 면하려고만 했습니다. 이 때문에 백성들의 원성이 특히 심했습니다.

○ 등산 만호 황상윤은 군졸과 고을 백성을 침학한 사례는 거의 없었습니다. 다만 굶주린 백성을 구휼할 때 토졸들에게는 약간의 곡물을 나누어 주어 굶어죽지 않게 해 주었습니다. 하지만 진鎭에서 병졸로 모집한 백성들에게는 곡물을 일체 주지 않아 원망하는 목소리가 높았습니다.

○ 용매 만호 정영한은 부임한 지 얼마 되지 않아 아직 비방하는 소리가 없었습니다.

○ 황해 감사 이징명은 매우 검약해 외출할 때 시종하는 인원수를 스스

로 줄였고, 백성을 진휼할 때도 혼신의 힘을 다했으므로 황해도 백성들에게 칭송을 많이 받고 있습니다.

○ 병사 홍하명은 부임 이후 스스로 검약한 생활을 몸소 실천했고, 군졸들을 위로하고 구호해 번番을 서는 횟수를 줄여 주었으며, 흉년일 땐 외출 시에 시종배들이 따르는 것도 금지시켰습니다. 이 때문에 흠 잡을 만한 일이 없습니다.

별단
別單

신臣이 한 도道를 두루 돌아다니면서 떠돌아다니는 걸인들이 어찌할 수 없을 정도로 곤란한 지경에 이른 것을 거리에서 직접 눈으로 보았습니다. 늙은이를 부축하고 어린아이를 이끌고 가는 남녀가 앞서거니 뒤서거니 무리를 짓고 대오隊伍를 이루었는데, 연이어져 끊이지 않았습니다. 그중에는 어미와 자식이 서로를 잃어버려 들판에서 울부짖는가 하면 혹은 이미 귀신의 몰골로 헐떡거리며 장차 숨이 끊어지려는 자도 있었습니다. 아침저녁으로 점사店舍(주막)에서 음식을 먹을 때면 걸인들이 늙은이나 젊은이 할 것 없이 구름처럼 모여들어 밥 한술을 구걸하는 소리가 사방에서 들렸는데, 신음하고 눈물 흘리며 백방으로 애걸하는 모습이 가엾고 애처로워 차마 볼 수 없어 음식이 목으로 넘어가지 않았습니다. 만약 몇 술 남은 밥이라도 있어 내어 주면 서로 한 술이라도 더 먹고자 해 형제간이라도 서로 다투고, 부부라도 서로 사양하지 않았으니, 염치를 모두 상실했고 사람의 도리를 조금도 찾아볼 수 없었습니다. 심지어 성질이 강하고 사나운 어떤 거지는 사람들에게 구걸했다가 거절당하면 도리어 그 사람을 혐오하고 원망하며 몰래 그 사람의 집에 불을 지르기도 했습니다. 이 때문에 이곳의

김홍도의 《단원풍속도첩》 중 논갈이

보물 527호, 국립중앙박물관 소장

토착민들은 더욱 이를 감당해 내기 어려워했습니다. 소와 말을 훔치는 무리도 그 수를 알 수 없을 정도로 많은데, 그중에는 종종 명화적明火賊[I]이 있어 혹 길을 떠나는 사람들이 아침 일찍 출발할 수 없습니다.

시골 마을을 들를 때 밖에서 보면 담장으로 둘러싼 집이 가난하지 않게 사는 듯이 보이지만, 마을에 들어가서 보면 밥을 짓는 곳이 한 집도 없습니다. 지금은 바야흐로 농사철인데도 파종할 종자가 아주 부족하고 양식마저 떨어져 농사짓는 것을 그만둔 사람이 거의 절반이나 됩니다. 나물 뜯는 사람이 산과 들을 뒤덮었고, 쌀겨 가루나 기장죽에 푸성귀를 섞어서 창자를 채우고 있었습니다. 비록 집을 가진 토착민이라도 얼굴에는 모두 부황기浮黃氣가 있어 사는 것을 즐거워하는 마음을 가진 사람은 없었습니다. 게다가 들판이 쓸쓸하고 촌락이 텅 비어 마치 난리를 당한 것 같아 신의 마음이 참담했습니다. 매양 쉬거나 하룻밤 묵는 곳에서 마을 사람들을 불러 모아 작년의 농사 실태와 지금 사는 형편이 어떤지를 물어보면, 모두 말하길, '우리는 다행히 나라에서 불쌍히 여겨 여러 요역徭役을 태반이나 감해 주어 지금까지 살고 있습니다. 만일 이 같은 구휼이 없었다면 어떻게 목숨을 보존할 수 있었겠습니까?'라며 성상聖上의 은덕에 감축드림이 망극했습니다.

I 횃불을 들고 떼를 지어 부잣집 등을 습격하던 도적의 무리.

1 여러 고을에서 기민饑民을 구제하는 일은 모두 똑같았습니다. 그 규례에 따르면 장정 1인에게는 10일에 네 되, 노약자에게는 세 되씩을 한 달에 세 번 나누어 주게 되어 있습니다. 구제하는 방법 중에는 우열을 말할 만한 것이 있었지만, 나누어 주는 데 있어서 서로 약간의 차등이 있는 것에 불과했습니다. 기민들에게는 건량을 무상으로 나누어 주는 것을 가장 중히 여기고, 환곡을 나누어 주는 것을 그다음으로 중히 여기는데, 이는 모두가 여러 고을의 공통된 걱정거리입니다. 그중에서도 더욱 심한 걱정거리는 바로 환곡을 무상으로 나누어 주는 것으로 융통하는 것입니다.

종자도 역시 불연속적으로 나누어 주었습니다. 대개 무상으로 나누어 주는 것은 진휼을 마친 뒤 그 시행 내용을 임금께 아뢰어 보고하게 되어 있습니다. 환상미還上米[2]를 나누어 주는 것은 연례적인 일입니다. 그런데 가령 근래 진휼을 실시할 때 별도로 양곡을 마련한 자에게 진휼을 잘했다고 해서 가자加資해, 상을 받은 자가 종종 있습니다. 하지만 이른바 그 별도로 마련한 양곡이 어찌 하늘에서 내리거나 땅에서 나오거나 귀신이 실어다 준 것이겠습니까? 온갖 명목을 붙여 모두 그 지방 백성들에게서 거두어들인 것인데, 도리어 유능하다 여겨 지나친 포상의 은전恩典을 받게 했습니다.

여러 고을에서 양곡을 무상으로 나누어 주는 일에만 힘을 쏟고, 환상미를 나누어 주는 일을 소홀히 하는데 이르게 된 것은 대개 이런 이유 때문입니다.

---

2 환자미還子米, 환곡還穀이라고도 함. 조선시대 각 고을에서 흉년이나 춘궁기春窮期에 빈민에게 곡식을 대여하고 추수기에 이를 환수하던 제도. 또는 그 곡식을 말한다.

2 본 도의 기민으로서 목숨을 보존한 자들은 실로 나라에서 베푼 진휼 정책의 혜택을 받았습니다. 다만 지금은 시기적으로 보리와 밀이 여물지 않았고, 가을 추수기가 되려면 아직 시간적으로 멉니다. 만일 진휼을 여기서 그친다면 약간의 보리 종자를 갖고 있는 자는 오히려 구차스럽게라도 살 수 있겠지만, 이리저리 떠돌아다니며 걸식하는 부류들은 실로 아무것도 얻어먹을 방법이 없습니다. 보리가 떨어진 이후 이른 곡물도 나오기 전에 관에서 주는 적미糴米[3]마저 떨어지면 입에 풀칠할 방법이 없습니다. 그런즉 농토를 갖고 있는 백성일지라도 살아남지 못할 근심이 있을 것이니, 종전에 베풀던 진활賑活(살아가도록 베풀어 줌)의 공이 끝내 한 삼태기의 흙 때문에 무너져 내릴 것이니 어찌 심히 애처롭고 가엾지 않겠습니까?

본 도의 여러 고을에는 모두 사대동미가 있고, 비록 대동미가 없는 고을이라도 칙수청勅需廳[4]을 두어 예상치 못한 수요를 대비하기 위해 각기 전곡錢穀을 비축하고 있습니다. 그러니 도신道臣(관찰사)들에게 분부해 적절하게 여러 고을에 양곡을 내어 주어 보리마저 떨어진 곤궁한 백성들을 진휼하게 해 나라의 혜택이 시종일관함을 보여 주어야 할 것입니다.

3 본 도는 해마다 재황災荒이 든 데다가 작년에 큰 흉년을 당해 팔도에서 가장 피해가 심한 것 같습니다. 일정한 거처가 없어 이리저리 옮겨 다니는 산골짝의 주민들과 고기잡이를 생업으로 하는 바닷가 주민들은 모두 떠돌아다니다 흩어져 열에 아홉 집은 비어 있고, 현재 목숨을 부지

3 환곡으로 빌려준 곡식을 받아들인 쌀.
4 칙사를 대접하는 데 드는 물자를 담당하는 관청.

하고 있는 자라고는 약간의 전토田土를 가지고 있는 농민뿐입니다. 다행히 이들은 나라에서 진휼하는 덕화에 힘입어 배고픔은 면해서 농사짓고 있습니다.

그런데 현재로서는 보리와 밀도 풍작의 조짐이 없습니다. 산골짝의 기장과 조도 서 있는 싹이 작년보다 고르지 못하고, 평원平原의 전답도 가뭄이 들어 태반이나 씨를 뿌리지 못했습니다. 비록 씨를 떨어뜨렸다 하더라도 싹이 제대로 서 있는 곳이 없습니다. 이 때문에 미리 가을 추수의 풍작과 흉작을 예상할 수 없습니다. 하지만 설령 금년 가을에 풍작이 된다 하더라도 조정에서는 흉년으로 간주해 여러 요역을 고려해서 줄여 주어 남아 있는 백성들을 살려야 할 것입니다.

옹진현은 더욱 심하게 재해를 당한 고을인데, 가을에 징수할 것을 기대하고서 여러 곳으로 이전한 세납과 본 현의 전삼세田三稅[5]와 각 읍 군포軍布의 수가 매우 많아 올 가을 징수할 즈음에는 그곳 백성들이 감당하기 어려울 것입니다. 이 때문에 이를 변통하기 위해서는 묘당廟堂(의정부)으로 하여금 품처稟處[6]토록 하옵소서.

4 본 도의 여러 고을에는 다만 사대동법이 있지만 민간에서 거둬들이는 것은 그 규례가 같지 않을 뿐 아니라 칙사가 행차할 때면 또 별도로 징수하고, 탐관오리들은 공적인 일을 빙자해 개인적인 이익을 도모해 백성들에게서 무절제하게 거둬들이니 백성들이 그것을 감내하기 어렵습

5 논밭에 매기던 전세·대동미·호포를 통틀어 이르던 말.
6 윗사람에게 아뢰고 명령을 받아 일을 처리함.

니다.

대개 대동법의 규례는 반드시 먼저 전제田制를 바르게 한 뒤에라야 마련되는 것입니다. 이처럼 연이은 흉년을 당해서 갑자기 전제를 시행할 수 없으니, 대동법의 한 조항도 변통하기 어려울 것입니다. 만일 북도北道(함경도)의 상정법詳定法[7]에 따라 옛 규례대로 손익을 짐작해 백성들에게서 거둬들이는 것에 일정한 규칙이 있게 하고, 또한 월초와 월말에 감영에 보고토록 해 여러 고을에서 자신들의 차지로 만들어 취용取用하지 못하게 하면 혹 마땅할 것 같습니다.

5 본 도 각 읍의 군역은 가장 무거운 부담이라서 백성들이 견디지 못합니다. 그중에서도 일수日守[8]와 관군館軍은 역졸驛卒의 보인保人[9]입니다. 비록 급복給復[10]의 규례가 있지만 사역使役이 중첩되는 경우에는 1년에 바치는 돈이 많게는 30~40냥에 이른다고 하니, 천하에 이같이 중한 신역身役이 어디 있겠습니까? 감영과 병영과 진鎭의 군역은 1년에 세 번이고, 무명 세 필을 거두어들인다 합니다. 처음에는 무명의 품질이 보통이었으나 점차 품질을 살펴 마음에 들지 않는 것은 도로 물렸고, 지금은 극상품의 무명으로 바뀌었습니다. 감영에 바치는 것은 약간 품질이 낮은 것이고 병영

7 조선 중기 이후 시행된 대동법의 일종으로 함경도에서 먼저 시행되었고, 함경도와 비슷한 상황의 황해도와 강원도에 확대 시행되었다. 함경도는 전토가 척박하고 군현 간의 사정이 달라 군현별로 징수량과 물종을 다르게 정했는데, 이를 상정법이라 했다.

8 칠반천역七般賤役(천한 계급이 종사하던 일곱 가지 천한 구실)의 하나로, 지방 관아에 소속되어 심부름 등 잡무에 종사하던 사람.

9 정군正軍을 경제적으로 돕던 장정을 말한다. 봉족奉足이라고도 하는데, 군사비를 충당하기 위해 정군에게 딸렸던 경제적 보조자였다.

10 충신이나 효자·열녀에게 부역이나 조세 따위를 면제해 주던 일.

수군조련도 병풍

조선 후기 해상 기동 훈련 모습을 그린 그림이다. 중앙에 수군통제사가 타고 있는 대원수함을 중심으로 충청 수군, 전라 좌·우수군, 경상 좌·우수군의 전함이 사방에 펼쳐져 첨자진尖字陣을 이루고 있다. 국립중앙박물관 소장

에 바치는 것은 팔승포八升布[11]로 45척을 기준으로 해 거둬들였습니다. 그래서 진군鎭軍[12] 등에서 그 고통을 감당하지 못해 원망했습니다. 일수와 관

11 여덟 세의 실로 짠 포목.

12 지방의 병영과 수영에 속한 각 진에 둔 지방 군대.

군은 각 역驛에 분부해 잘 변통하시고, 진군은 감영과 병영에 분부해 번차番次를 1년에 두 번으로 바꾸고 거둬들이는 포목도 세 필에 이르지는 않게 하십시오. 척수尺數(자로 잰 수량)도 당초에 받아들이던 대로 줄여서 백성들을 편하게 하는 방법에 적합하도록 하옵소서.

6　각 읍 군병軍兵 가운데서도 수군의 역이 가장 힘든데, 1년에 두 번의 습조習操[13]를 위해 왕래하면 몇 달씩을 허비해 농사를 전폐하게 됩니다. 게다가 무명 두 필을 거둬들이는 일 외에도 육지의 산물을 바치는 규정이 있어서 현재 본 도의 각 포구의 수군은 신역이 이처럼 지나치게 고통스럽습니다. 이외에도 감영에는 산성부장山城部將[14]이, 병영에는 가군관假軍官[15]이 충정充定[16]되어 있어 또 무명 한 필씩을 거둬들인다고 합니다. 각 관아에는 아전사령衙前使令[17]이라 해 차역差役(노역)을 하고 있는데, 백성들이 아주 심하게 피해를 당해 이를 감당하기 어렵습니다. 따라서 마땅히 묘당에서 감영과 병영 및 각 읍에 분부해 이후에 각 포구의 수군을 충원한 뒤에 백성들을 침학侵虐하는 다른 사역을 일체 금지시키도록 하는 것이 군졸들을 진휼하는 방법에 합당할 듯합니다.

7　본 도의 각 읍에는 군졸의 수가 너무 많아 백성들이 이를 감당할 수 없을 뿐 아니라 백골징포白骨徵布[18]니 인족수포隣族收布[19]니 해 무명을 거둬들일 때마다 원성이 극심합니다. 하지만 여러 고을에서도 실제로 그것을 변통할 길이 없거니와 한정閑丁[20]들을 찾아내기도 어려운 형편입니다.

---

13 군사와 지휘관을 포함한 모든 인원이 모여 진법陣法이나 총포 쏘기 등을 조련하는 총체적인 훈련. 봄에 하는 군사훈련을 춘조春操 또는 춘계 습조라 하고, 가을에 하는 군사훈련을 추조秋操 또는 추계 습조라 했다.

14 부장은 오위에 속한 종6품 무관 벼슬.

15 정원 외로 뽑는 임시 군관.

16 군역 따위에 정해져 있는 규정에 따라 인원을 보충해 채운다는 의미.

17 관아에서 심부름하는 하인.

18 죽은 사람의 이름을 군적과 세금 장부에 올려놓고 군포를 받던 일.

19 부역자를 대신해 그 인척에게서 무명을 받아 내던 일.

20 15세부터 60세 사이의 장정으로서 국역國役에 나가지 않는 사람.

무릇 여러 궁가의 절수처折受處[21] 및 각 아문衙門의 설둔처設屯處[22]에서 모은 백성들은 수령이라 하더라도 감히 손을 대지 못합니다. 게다가 감영과 병영의 나장군뢰羅將軍牢 및 중군군뢰中軍軍牢 들도 모두 보인이 있지만, 이들 보인에게 부과된 역이 너무 가벼워 모든 양민이 그 가운데 투입되고 있습니다. 하지만 이 일에도 감히 침범하지 못합니다.

일찍이 전에 도망가거나 죽은 자와 금년에 기근으로 사망하거나 흩어진 자가 또한 얼마나 되는지 알 수 없습니다. 이런 전후 사정 때문에 모자라는 군인의 수가 많을 테지만, 수령이라 해도 어떻게 그 모자란 수를 다 보충할 수 있겠습니까? 이는 오늘날 참으로 커다란 폐단인데, 이를 변통할 방법을 찾는다면 마땅히 여러 설둔처에서 백성들을 모으는 일을 그만두게 하는 방법만 한 것이 없습니다. 만약 백성들을 모집하는 것을 다 그만두게 한다면, 역시 설둔처의 일이 막히고 방해될 것이니, 이를 시행하기 어려운 걱정이 있게 됩니다. 하지만 모든 둔졸屯卒도 그 인원수를 정하도록 하고, 정해진 인원수 이외의 백성들은 각각 그 관에서 모자라는 수를 충정토록 합니다. 감영과 병영의 나장군뢰나 중군군뢰의 보인은 다 없애 버리고, 그들이 있는 관으로 하여금 상당하는 역에 종사토록 충정한다면, 관에는 대정代定[23]의 도리가 있게 되고, 군에서는 궐액闕額[24]되는 걱정이 없어 백골징포니 인족수포니 하는, 백성들을 침학해 징수하는 폐단도

---

21 벼슬아치가 봉록俸祿으로 결세結稅(농토 면적 단위인 결을 기준으로 매긴 토지세)를 떼어 받도록 임금이 정한 땅.

22 둔전屯田을 설치한 곳. 둔전이란 조선시대 때 지방에 주둔한 군대의 군량이나 관청의 경비에 쓰도록 지급된 토지를 가리킨다.

23 군대에서 결원이 발생했을 때 다른 사람을 투입해 정원을 채우는 것을 말한다.

24 미리 정한 액수에 차지 못한 액수.

아마 약간은 고쳐질 것입니다.

8　소기所己와 신당新塘 등의 진鎭은 깊은 산골에 신설되어 토졸土卒[25]들이 모두 빈한해 몰골이 말이 아닌데, 훈련도감에서 매년 사들이는 명주 한두 동同을 채우기 위해 피곡皮穀 두 섬을 명주 한 필씩으로 정해 사들입니다. 곡물 값이 비쌀 때는 곡물로 명주 값을 감당했지만 곡물 값이 싸고 명주 값이 비싸지면 토졸들은 개인적으로 빚을 내어 그 값을 충당하게 됩니다. 첨사나 만호 들은 이를 빙자해 모리를 해서 곡물 두 섬으로 명주 서너 필을 억지로 받아 내기도 합니다. 사들인 명주를 상납할 때면 인정人情이라 해 명주 한 필에 으레 돈으로 5전錢을 받으니, 명주 한 동이면 스물다섯 냥을, 두 동이면 쉰 냥을 받게 됩니다. 게다가 훈련도감의 서리나 문지기·고지기·낭청郎廳 등의 하인배들도 으레 뇌물을 받습니다. 모름지기 명주를 사들이는 것 자체가 이미 명분 없는 짓인데, 더구나 변장邊將[26] 무리들이 인정채人情債[27]라 빙자해 마구 받아 낸 것이 이렇게 많은 양에 이르렀으니 지극히 놀랍습니다. 마땅히 묘당으로 하여금 훈련도감에 분부해 명주를 사들이는 잘못된 규례를 없애 버려 각 진의 고질적 폐단을 영원히 제거하십시오.

25　그 지역 출신의 군졸.
26　변방의 수비를 맡은 장수로, 첨사·만호·권관 등을 통틀어 가리키는 말.
27　인정으로 벼슬아치에게 주는 돈.

9 본 도 여러 고을의 관원과 군관軍官 들의 제번목除番木[28]이란 것은 심히 아무런 근거가 없습니다. 이들 가운데 신역이 없는 군관이라면 비록 포목을 납입하는 것이 가능하지만, 신역이 있는 자들까지도 관안官案과 군관안軍官案에 이름을 적어 놓고 1인당 한 필씩의 포목을 수대로 납입하게 해 이중으로 사역을 시켜 백성들의 원성을 사고 있습니다.

교생의 경우에는 향교에 들어와 강경講經(경서 강의)을 듣는 자 외에도 많은 사람을 수강생 명부에 올려놓고 제강목除講木[29]이라 일컬으면서 매년 두 필씩 포목을 거둬들입니다. 교생은 이미 향교에 참여해 수강하고 있지만, 정원 이외에 많은 사람을 명부에 올려 문득 명분 없는 포목을 거둬들여 수령이 자기 호주머니를 채우기 위한 용도로 삼고 있으니, 더욱 놀랍습니다. 따라서 차후엔 신역이 있는 군관에게서 포목을 거둬들이는 것과 교생의 제강목을 거둬들이는 일은 마땅히 일체 없애 버려야 합니다.

영리관안營吏官案
관안은 각 관아의 이름과 그곳에 속한 벼슬 이름을 적은 책이다. 이 관안은 경상북도 지역의 아전들의 명단이다. 직책 순으로 되어 있으며, 해당하는 아전의 이름과 소속 및 마을 이름이 적혀 있다. 국립중앙박물관 소장

---

28 번番 드는 차례를 면하기 위해 바치는 포목.

29 향교의 유생들이 수강료로 바치는 포목.

10 곡산·수안·신계, 세 고을에는 매를 관에 바치는 조항이 있는데, 이것이 가장 큰 민폐가 되고 있습니다. 감영과 병영에 바치는 매는 한 읍에서 감영에는 2좌座를, 병영에는 1좌를 바치는데, 관리들이 이를 빙자해 1방坊에서 으레 1좌를 받고 또 혹 더 받아 내는 경우가 있습니다. 이들 세 읍이 산골짝에 있지만 매를 구하기 어려운 방도 있습니다. 만약 매를 바치지 못하는 방이 있으면, 으레 쌀 서너 섬으로 대신 바치는데, 작년 같은 흉년에는 그 폐해가 더욱 심해 백성들이 많이 원망스러워 했습니다. 각 고을에서 감영이나 병영에 매를 바치는 것은 이미 잘못된 규례이니, 마땅히 묘당에서 감영과 병영에 분부해 이 조항을 없애 곤궁한 백성들을 위해 약간의 폐해라도 제거하도록 하십시오. 그리고 나머지 연해沿海의 각 읍에도 일체 이를 봉납치 말도록 하십시오.

11 곡산·수안·신계, 세 고을은 깊은 산골짝 후미진 곳에 있어 감영이 있는 곳과 거리가 멀기 때문에 수령들이 불법을 저질러도 규찰하기 어렵습니다. 더구나 새로 설치된 다섯 진鎭은 그 사이에 바둑알처럼 놓여 있습니다. 첨사나 만호는 으레 중인이나 서민 들이 일생에 한 번쯤 해 보고 싶은 벼슬이지만, 이런 변장이 되고 싶은 이유는 자신을 이롭게 하려는 계책일 뿐이지, 공무를 받들어 맡은 바 직무에 진력하려는 사람은 열에 한둘도 없으니, 이들에게 명분과 절의와 염치를 기대할 수 없습니다. 이들은 마치 같은 물에 목욕한 듯 두려워하거나 거리끼는 마음이 없고, 경쟁하듯 서로를 본받아 명분 없이 거둬들인 것을 부끄러워할 줄 모르고, 징수 조항 이외의 품목을 거둬들인 단서가 한둘이 아닙니다. 세 읍에 종종 있는 폐단과 자잘한 백성들의 고통은 대부분 고칠 만한 방법이 있습니다. 하지만 이

것들은 그대로 구차스럽게 지금까지 이어져 백성들은 명관名官이 확실하게 주관해서 처리하기만을 원하고 있는데, 이런 생각은 타당합니다.

일찍이 수안과 신계에는 문관을 파견했으나 이들은 거의 모두 한양에서 멀리 떨어져 있는 지방의 고적하고 한미한 인물로서 무신과 다를 바 없습니다. 곡산의 경우는 영장營將[30]이나 토포사討捕使[31]가 겸임해 30년 이래 계속 무신으로 제수했습니다. 이와는 다른 경우도 있었는데, 경기도의 남양南陽과 본 도의 평산도 영장이나 토포사가 겸임케 했지만, 간간이 문신들을 파견했습니다. 그런데 곡산만은 어찌해 유독 그렇지 않았는지 모르겠습니다. 이후로는 세 읍의 수령으로 대간臺諫[32]이나 시어인侍御人(임금을 곁에서 모시는 사람)을 간간히 파견해 비리를 마구 저지르는 관원들을 탄압하도록 묘당으로 하여금 품처케 하십시오.

12 신설된 백치白峙·문성文城·선적善積·산산蒜山·동리東里·문산文山·광산光山·총령蔥嶺·위라位羅·소기所已·신당新塘 등 열한 곳 진鎭의 당초 설치 목적은 서로 돕고 의지하며 뜻밖에 생긴 일에 대비하기 위해서였습니다. 신臣이 진이 설치된 곳에 들어가 형세를 살펴보기도 하고, 진을 설치해 이로운 점과 해로운 점을 묻기도 하면서 민정民情도 살펴보았는데, 진을 설치한 곳이 전부 깊은 산골 속이고, 산산은 더욱이 요해처를 지키기 위해 방비 시설을 할 곳일 뿐입니다. 위에서 언급한 여러 진이 설치된 이

30 오군영과 지방의 각 진영에 둔 최고 관직. 진영장, 진장이라고도 한다.

31 각 진영에서 도둑 잡는 일을 맡아보던 벼슬. 처음에는 수령이, 후에는 진영장이 겸직했다.

32 관료를 감찰, 탄핵하는 임무를 가진 대관臺官과 임금의 잘못을 간하고 벼슬아치의 비행을 규탄하는 임무를 가진 간관諫官을 합쳐 부르는 말.

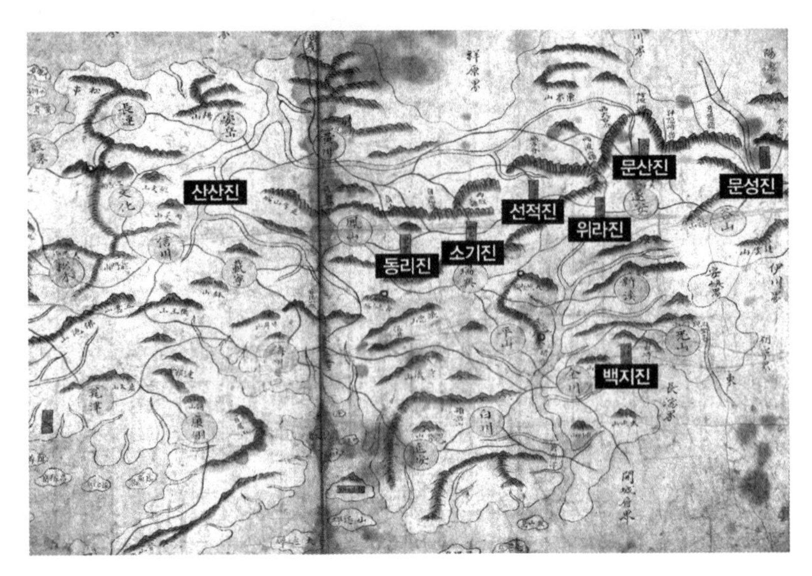

박만정이 언급한 주요 진

후에 진장鎭將이 있는 곳인 각 읍에도 그 폐단은 헤아리지 못할 정도여서 백성들의 사역이 힘에 부칠 정도로 너무 많습니다. 또 소위 변장들이 군을 조련하거나 무예를 닦는 데 힘쓰지 않고 오직 백성들에게 포학과 침해만을 일삼아 비록 아무런 일이 없는 평상시라도 군졸들의 원망과 고통이 끝이 없어 달아날 마음만 품고 있습니다. 아무런 일 없는 평상시에도 이러한데, 위급할 때에 어찌 맹렬히 타는 불길 속에 뛰어들어 힘껏 적을 방어할 것을 그들에게 기대할 수 있겠습니까?

게다가 진이 설치된 곳은 길이 약간 불편한데, 백치나 광산은 서로 떨어진 거리가 110리나 되어 짧은 기간에 통합하기 어려울 뿐만 아니라 백성 모두 혁파하기를 원하고 있습니다. 위의 설치된 진이 난을 당했을 때 힘이 될 수 없는 것은 불을 보듯 뻔히 알 수 있습니다. 더구나 조종조祖宗朝 이래 일찍이 그곳에 진을 설치하지 않았는데, 어찌 구획을 엉성하게 해 그렇게 했겠습니까? 그렇게 한 데는 다 생각이 있었을 것입니다. 그런데 지금 이곳에 많은 변장을 새롭게 둔 것은 장차 중인이나 서민 들이 자신들을 살찌우게 하는 바탕이 될 것이며, 털끝만큼도 나라에 이로운 일은 없을 것입니다. 따라서 현재 이에 대처하려면 마땅히 여러 진을 혁파해 군졸들을 모두 각 고을의 관에 소속시켜 봄가을로 조직해 훈련시키고 신역을 완화시켜 주는 것만 같지 못합니다. 그래서 평상시에는 그들을 침해해 소요를 일으키게 하는 일이 없게 하고, 위급한 비상시에는 각자 자기 마을을 방비하게 한다면, 지난날 항상 원망을 품어 끝내 목숨 바쳐 일하려는 마음이 없던 때보다는 그 이해를 따져보면 백배나 이로울 것입니다. 그러나 이 일은 요해처를 지키는 일에 관계되므로 가볍게 논해서는 안 되고, 그곳의 형편을 살펴보고 민정을 알리기 위해 부득이 이처럼 말씀드립니다.

13　산산진의 극성棘城[33]에 관한 조항은 더욱 심한 민폐가 되고 있습니다. 모래와 자갈로 이루어진 땅에는 가시나무가 무성하게 자라지 못해 매양 관에서 그것을 적간摘奸[34]할 때면 백성들이 고통을 견디지 못할 것입니다. 당초 이곳에 진을 설치할 때도 진으로서의 면모를 갖추기 어려울 것을 염려해 임시방편으로 황주와 봉산의 토지 각 200결을 떼어 내 나누어 주어 사용하도록 하고, 여러 해가 지나 진의 모습이 갖춰진 뒤에는 마땅히 황주와 봉산에서 가져다 사용한 전결을 돌려줘야 합니다. 이제 진을 설치

33　적의 침입을 막기 위해 가시나무로 목책木柵을 만든 성.
34　죄상이 있는지 없는지를 밝히기 위하여 캐내어 살핌.

한 지도 오래고 또 진에 거주하는 백성들에게서 거둬들이는 것으로도 충분히 자급할 수 있는데, 황주와 봉산의 전결을 아직도 돌려주지 않았고, 봉산과 같은 경우는 근래 폐읍이 될 지경입니다.

같은 경계 내에 동리진이 있고, 그 밖에도 여러 궁가의 절수처와 각 아문의 둔전이 있어 이곳에서 모집해 들이는 백성이 매우 많습니다. 이런 곳은 여러 관역官役을 모두 벗어날 수 있어 사역을 피하려는 한정과 명을 위반하려는 완악한 백성들에게 연수淵藪[35]와 같은 피역처를 만들어 주었습니다. 이는 본 군에서도 손을 댈 수 없는 커다란 병폐입니다.

게다가 둔별장들은 모두 무식한 부류로 둔민屯民들에게 규율을 어길 정도로 심하게 폐를 끼치고 있습니다. 지금 이후부터는 산산진에 소속된 황주와 봉산의 전결을 모두 본 읍에 돌려주도록 하고, 여러 궁가의 절수처와 각 아문의 설둔처에서 모집해 들이는 백성도 일정수를 정해 너무 지나치지 않게 하십시오. 그리고 각 관과 둔전이 있는 곳에도 경기도의 규례대로 별장을 파견하지 말고 그 고을의 관에서 조세를 거두어 올려 보내도록 하면 약간의 폐단이라도 없앨 수 있습니다. 마땅히 묘당에서 이를 품처하게 하십시오.

35 못에 물고기가 모여들고 숲에 새와 짐승이 모여드는 것처럼 여러 사물이나 사람이 모이는 곳을 비유적으로 이르는 말.

14 장연은 바다로 둘러싸인 부분이 작은 고을인데, 이곳 열한 곳 방坊 내에는 수어守禦[36] · 총융摠戎[37] · 어영御營[38] · 금위禁衛[39] · 훈국訓局[40] · 감영 · 병영 등 일곱 관아에서 둔전을 두었고, 그 밖에 여러 궁가의 절수처도 열세 곳이나 있으며, 백령白翎 첨사 · 오차포吾叉浦 만호 · 풍천 감목관이 모두 본 부府의 지경 안에 있습니다. 각 아문의 설둔처와 여러 궁가 절수처에서 모두 이곳 백성들을 모집해 들이는데, 본 부의 민호民戶는 6400여 호지만 본 부의 사역에 응할 수 있는 백성은 그 반수를 넘지 못합니다.

신곶新串과 장산곶長山串, 두 곳은 모두 배를 만드는 재목을 보호해야 하는 곳으로서 역대의 조정에서 그 재목을 보호하기 위한 금호사목禁護事目[41]을 밝혔을 뿐만이 아닌데, 나라의 기강이 해이해져 금령禁令이 제대로 시행되지 못하고 있습니다. 신곶에서는 병영과 어영청에서 철을 제련하고 있어 앞으로 민둥산이 되어 버릴 것이고, 장산곶도 한양의 각사各司와 본도의 상급 관아에서 임의로 나무를 베어 가고 있습니다. 그러하니 근래에 설둔처나 절수처는 하나의 큰 폐해가 되어 외방外方의 여러 고을이 이곳들의 요구를 앞으로 감당하지 못할 것입니다. 지금 이곳 장연이 특히 가장 심하게 황폐해지고 있으니, 이러다간 폐읍이 될 것입니다. 본 부의 설둔처와 절수처는 연한年限을 논하지 말고 특별히 변통해 그 지역을 보존할 수

---

36 수어청은 5군영의 하나로, 1626년 남한산성을 개축하고 이 일대의 방어를 위해 설치되었다.

37 총융청은 5군영의 하나로, 1624년 서울 외곽인 경기 일대의 경비를 위해 서울 사직동社稷洞 북쪽에 설치되었다.

38 어영청은 5군영의 하나로, 왕을 호위하던 군영이었는데, 1623년 인조반정으로 국내 정세가 어수선하고 국제적으로 후금과의 관계가 위급해진 가운데 설치되었다.

39 금위영은 5군영의 하나로, 훈련도감 · 어영청과 함께 국왕 호위와 수도 방어를 위해 설치된 핵심 군영이다.

40 훈국은 훈련도감을 지칭하는데, 5군영 중에 가장 먼저 설치되었다. 임진왜란을 계기로 그 이전의 오위제五衛制가 붕괴되고 새로운 군사조직의 필요성이 대두되자 조직되었다.

41 금하고 보호하는 데 대한 세부 조목.

있도록 하고, 신곶과 장산곶의 배를 만드는 재목이 있는 곳에도 별도로 엄금嚴禁하도록 묘당에서 아울러 품처하게 하십시오.

15　안악 남면南面의 가통可筒과 주통注筒, 두 곳의 제방은 그 유래가 오래되었고, 그 아래 수백여 섬이 나오는 백성들의 논이 모두 이 두 제방의 수리水利 혜택으로 농사가 가능하며, 이곳에 거주하는 백성들의 집 역시 수백여 호에 달합니다.

임인년(1662)에 축조한 각 도, 각 읍의 제방에는 모경冒耕[42]하는 자들이 종종 백성들의 수리 혜택을 방해하자, 조정에서는 특별히 제언 낭청堤堰郎廳[43]을 파견해 부정이 있는지의 여부를 자세히 살펴 모경을 금지시켰습니다. 그 후에도 궁가에서 이곳에 둔전을 설치해 논농사를 지으려고 시도한 것이 한두 번에 그치지 않았습니다. 하지만 문득 본 관의 논보論報[44]가 있자 결국 논농사를 짓지 못했습니다. 가통과 주통 두 곳은 일찍이 호조의 제사題辭[45]에도 분명히 기록되어 있듯이 진황지陳荒地[46]가 아니어서 사패지賜牌地[47]로서 끊어 줄 수 없다는 것을 알고 있습니다. 그 아래 거주하는 백성들은 불법을 저지르지 않고 농사지어 먹고살고 있습니다. 그런데 지금 김귀인방金貴人房[48]에서 절수처라 해 그곳에 둔전을 설치하고 금년부터

42　땅 주인 허락 없이 남의 땅에 농사짓는 것.

43　낭청은 조선시대 각 관아의 당하관을 가리키는 말인데, 제언 낭청이란 제언을 담당하는 부서인 공조工曹의 당하관을 가리키는 듯함.

44　하급 관아에서 상급 관아로 의견을 붙여 보고하는 일.

45　경작하지 못하고 버려둔 땅.

46　나라에서 떼어 준 토지.

47　관부官府에서 백성이 제출한 소장이나 원서願書에 쓰던 관부의 판결이나 지령.

48　귀인 김씨의 처소인 궁방을 가리키는 말. 숙종 때 귀인 김씨는 인현왕후가 아이를 낳지 못하자, 종2품 숙의의 지위에서 정1품인 귀인의 자리에 오른 후궁이다. 인현왕후가 폐위되었을 때 귀인 김씨도 폐위되었

경작하기 시작하자 그 수리水利 혜택을 받지 못한 백성들이 장차 흩어지려 하고, 1000명, 100명으로 무리지어 길을 막고 호소했습니다. 이곳은 이미 주인 없는 진황지가 아니고, 이곳에 사는 백성들은 수리 혜택을 받고 있으니, 궁가에서 결코 경작을 해서는 안 됩니다. 설령 이 땅이 진황지라도 수백여 호의 백성이 이곳의 수리 혜택을 받은 지가 이미 100여 년 정도로 오래되었으니, 이치상으로나 형편상으로나 그들이 원망함은 실로 당연합니다. 그곳의 수많은 백성의 운명이 모두 생업을 잃고 장차 뿔뿔이 흩어질 지경에 이를 것이니, 지극히 불쌍하게 여길 만합니다. 김귀인방에서 필시 이와 같은 곡절을 모르고 이곳에 둔전을 설치했다 하더라도 마땅히 관찰소로 하여금 호조의 제사를 취해 살펴보아 분명하게 실상을 조사해 밝히고 상주케 해 궁가에서 설치한 둔전을 없애 버리고 다시 백성들에게 돌려줄 것을 묘당에서 품처하도록 하십시오.

16 장련은 가옥이 열 채 정도밖에 없는 작은 고을로, 초라하고 피폐함이 이보다 심한 곳은 없습니다. 전결의 수는 아주 적고 여러 종류의 복호復戶[49]는 매우 많으며, 다른 고을의 역졸이나 복호들 중에 간혹 이곳으로 옮겨온 자들도 있습니다. 아전이나 관노비는 신관과 구관이 교체되어 왕래할 때마다 거기에 따르는 사역에 부응해야 하므로 그 고역苦役이 다른 곳에 비해 백배나 되어 견뎌 낼 수 없을 정도입니다. 이런 사정은 일찍이 전에도 시정할 것을 상주한 일이 있었지만 고을의 강성한 여론 때문에 관

다가 인현왕후가 복위될 때 함께 복위되었다.

49 충신·효자·군인 등 특정한 대상자에게 부역이나 조세를 면제해 주던 일.

원들도 이를 변통하지 못하고 지금까지 이르렀습니다. 이를 시정하기 위해서는 다른 고을의 역졸이나 복호 들을 각기 자기 고을로 돌려보내고, 아전과 관노비 들의 고달프고 막중한 역役은 본 현에서 좋은 방향으로 변통해야 합니다. 이를 관찰사에게 분부해 피폐해지고 있는 고을을 보존토록 하십시오.

17 금교역金郊驛은 중요한 길목에 있어 청단青丹과 기린麒麟에 견주해 보면 그곳의 역이 지나치게 고달픕니다. 근래에는 사람들도 흩어져 버리고 역마의 수도 줄어 예전에 비해 10분의 1도 안 되지만 그곳에서 치러야 할 사역은 도리어 예전의 열 배나 됩니다. 일찍이 전에는 순영에서 고세목雇稅木[50]으로 입마立馬[51]의 값을 지불했습니다. 그런데 무오년(1678)에 한 우관郵官[52]이 자신의 유능함을 드러내기 위해 역참에서 자립하는 규례를 처음 만들어 역졸 등에게 그 비용을 책임지어 징수했습니다. 이 때문에 이를 감당하지 못한 역졸들이 하나둘씩 계속 달아나고 남아 있는 사람들은 심하게 피폐해져 참으로 지금 이곳의 고질적인 폐해가 되었습니다. 관명官命을 전달하는 역참이 장차 쇠잔해질 우려가 심각하니, 지금부터는 예전의 규례대로 영문營門(감영)에서 대가를 지불하고 필요한 말을 현지에서 조달할 수 있도록 관찰사에게 분부하십시오.

병자년 3월 7일 길을 떠나서 5월 12일 복명합니다.

---

50 부역을 면한 백성으로부터 세금으로 받은 포목을 말하는데, 이것으로 대신 사람을 사서 썼다.

51 각 역에서 역마를 길러 공용公用에 바치던 일.

52 우편에 관한 일을 맡아보던 벼슬아치. 역驛의 찰방, 역승驛丞 등을 통틀어 이르던 말.

박만정 연보

본관　밀양密陽

자字　사중士重

호號　동계東溪, 설정雪汀

1648년(인조 26)　서울에서 출생.

1673년(현종 14)　생원시生員試에 합격.

1683년(숙종 9)　증광대과增廣大科에 병과丙科로 급제.

1689년(숙종 15)　사헌부司憲府 정언正言, 홍문관弘文館 수찬修撰을 지냄.

1691년(숙종 17)　홍문관 교리校理을 지냄.

1692년(숙종 18)　사헌부司憲府 지평持平을 지냄.

1693년(숙종 19)　홍문관 부응교副應教 · 사간원司諫院 사간司諫 · 세자시강원世子侍講院 보덕輔德 등을 지내고, 회양淮陽 부사府使로 부임.

1694년(숙종 20)　세자시강원 보덕을 지냄.

1696년(숙종 22)　황해도 암행어사로 발탁돼 임무 수행.

1697년(숙종 23)　영광靈光 군수郡守로 부임.

1717년(숙종 43)　사망.